# 李中莹婚姻心理课

李中莹/著

浙江教育出版社 · 杭州

# 推荐序一

能给李中莹老师的新书写序是我的荣幸。李老师讲课有一种魔力，能够很快地把听者带入宁静而有力的状态。他说："我不比任何人高明，我也不比任何人差，人的价值是平等的。"通常来说，让每一个听者（读者）能够放下对导师的依赖，建立起自我的责任感和自信心，这堂课或这本书才能开始起作用。人们读书往往是希望从中学到些什么，或者从中找到解决问题的方法，所以才会说"这本书有用"或者"这本书没用"。但其实书是一定要通过读者本人来起作用的，这就是为什么同一本书对每个人作用不同。而如果读者意识不到自己和写书的人一样拥有改变和创造的能力、拥有一样的人生价值，读完一本好书就只会掩卷叹息了。

李老师的学问是实修的学问。他在演讲的时候，会让台下的观众先提问，看有什么生活中的难题需要解决。观众们问："我有两个选择，不知道该选哪个。"李老师说："你可以给这两个选择打分，分数明显高的，就是你要选的。如果这两个选择分数差不多，那说明你研究得还不够，应该接着研究。"寥寥数语，便让人觉得意解心开。人生的纠结和痛苦往往就在于一股模糊的情绪，而没有钻研的精神。

婚姻问题是李老师最擅长的领域，双人舞的比喻对婚姻再合适不过了。我上大学时还流行学习华尔兹、恰恰、狐步舞什么的，这类双人舞真的需要两个人共同投入、相互配合，才能跳得好。我就是因为没有耐心，也没有找到合适的舞伴而没有学会跳舞，转而去打乒乓球，那是一项以打败对手为乐的运动。在双人舞中，对手也是队友，可能踩到你的脚的是她，帮助你完成华彩动作的也是她。谁来主导，谁进谁退，其实没有一定之规。全在于双方的默契。一对新手可能需要嘴里喊着节拍，步履迟疑地挪着。而一对成熟的舞者，可以完全投入在音乐声中，忘记节拍，去享受自我和队友默契配合的美好感受。多像婚姻。很多人跳不好舞，总以为是舞伴的问题，换个舞伴可能就会好了。当然有这种可能，但更多的时候一个不会跳舞的人换多少舞伴也没用。

李老师的学问是提高我们心理灵活度的学问。人们生活在惯性之中，很少反思自己痛苦的来源。所谓心理灵活度，其实是一种批判性思维。“真的非要如此不可吗？”“痛苦真的是不可避免的吗？”“我真的不能改变吗？”当一个人开始产生这样的疑问时，就走上了解决问题的道路——简单，快乐。心理学是介于科学和艺术之间的智慧，但是那些科学的实验心理学结论又无法帮助普通人解决现实的烦恼。也许用科学来解决科学尚未研究清楚的问题是不科学的，但生活要继续，痛苦要面对，能够有效解决问题的学问就应该被重视、被研究、被推广。希望更多人能懂得简单快乐的道理。快乐这件事就是这样，如果太过复杂，就变得不快乐了。

樊登

“樊登读书”创始人

# 推荐序二

由我来为本书写序，专业性的相关度并不高。但由于本人对于李先生的敬佩，以及对其孜孜不倦工作成效的认可，所以我想从自己专业的角度谈一些粗浅的看法。

谈及爱情、婚姻、家庭，现实中存在的问题颇多，不同的人试图从不同的角度对解决这些问题做出贡献。相关方面的社会科学研究道理性强、实证程度高，但直面问题并解决问题的能力与之并不相称。巨大的需求缺口让另外一些人从哲学或生活伦理等角度来寻求解决方案，其中不管是指导还是说教，覆盖面都很广，也足够有高度，但科学性以及在生活中的渗透力明显不足。

在此之外，不同的心理咨询流派也都在努力做出其自己的贡献。他们直面现实问题、提出解决方案，且在实践中不断发展创新。因而各流派从其“出山”之日起就带有明确的应用倾向。这些不同流派的观点与理论研究不同，他们无须遵从“实证”或“准确无误”原则，或许他们更侧重于“有用性”原则，而至于其背后的道理，则另当别论（这也为这些背后的道理提供一些更任性的资本）。

当考察对象是某一特定的心理咨询流派时，我们更应该关注这三个方面的特征：价值取向、技术手法和道理体系。总体来说，本书里的技术手法与道理体系都来自像“NLP”与“家庭系统排列”这样的大型心理咨询流派，其扎实的根基融会贯通进中国应用心理学领域领军人物的头脑之中，并在现实运作中发展、深化。

而相关的价值导向则是：强调真正的爱情（相对于各种扭曲的情感类型，以及无真情的爱的情形）、看重于给未来的孩子一个健康的家庭环境（从而让发生在自己身上的不幸不要在孩子身上重演）、看重于一个有负责能力的人的应有做法（做好准备，用能力承担起婚姻）。

每一个人都可以基于自己的自由选择意志在这里获取自己想要的营养，然后回到自己的生活中去重新建构生活，以便能够更好地瞄准生活中本来就赠予我们的美好爱情体验，同时也瞄准一位属于自己的人生伴侣。

最后，在这里送给读者一份祝福，祝你们每一个人都可以在自己特有的爱情、婚姻、家庭方面幸福如愿！

陶传进

北京师范大学社会发展与公共政策学院教授、博士生导师

# 推荐序三

近年来，随着我国社会经济的快速发展，人们生活环境、工作内容的不断变化，人们在享受社会发展红利的同时也面临着各种心理压力与适应性挑战，对心理服务的需求日益增加。自新型冠状病毒肺炎疫情发生以来，家庭矛盾、亲子冲突、邻里纠纷等问题日益凸显，心理危机事件屡屡发生。

党中央、国务院高度重视社会心理服务体系建设。2018年11月，国家卫生健康委、中央政法委、中宣部等10部门联合印发了《全国社会心理服务体系建设试点工作方案》，明确提出要在5—10年内将心理健康服务融入社会治理体系和精神文明建设，依托村（社区）综治中心等场所，普遍设立心理咨询室或社会工作室，为村（社区）群众提供心理健康服务。

家庭教育是培养生命成长、塑造生命人格的重要过程，婚恋情感是保持稳定亲密关系的核心基础，婚姻家庭教育的成功与否是孩子成长、家庭幸福与社会稳定的坚固基石。就目前而言，家庭教育与婚恋情感取向的心理咨询师人数少之甚少，远远不能满足民众的需求，本书的出版可以说是恰逢其时。

改革开放四十多年以来，心理学一直以西方心理学流派技术为培训主体，而此书的核心内容则遵循循证研究的方法，更符合中国人的心理文化，充分地体现出人与自己、人与他人、人与自然的生态理论。在亲密关系、夫妻关系、亲子关系、家庭教育、老年婚姻、家庭危机干预方面，这本书不管是在心理理论知识层面还是实际应用层面，都进行了详细的阐述，并通过典型案例给予示范，既是助人者的工具书，又是大众的科普书。

自2008年因汶川地震相识以来，我充分地感受到了李中莹老师在心理学科普知识的传播以及人才培养方面始终践行着一个心理学人应有的使命，并怀揣着慈悲之心培育了千千万万个心理学人，影响了数万个家庭，使得更多有心理困惑的人走出心理阴霾，提升心理资本，重塑人格价值。

希望此书的出版能惠及更多心理学人，为社会心理服务人才梯队建设助力加油！

傅春胜

中科博爱（北京）心理医学研究院院长

中国心理学会心理服务机构工作委员会副主任

中国生命关怀协会婚姻与家庭专业委员会主任

# 序

在培训界，我的学术标签是NLP（身心语法程序学），对我的介绍都是“NLP大师李中莹”。我写了一本书《重塑心灵》，完整地介绍了NLP对人生的帮助，及如何将其有效地应用在生活中的技巧。这本书从二十年前出版至今，仍是中文版NLP书籍中非常畅销的一本。

其实《重塑心灵》是我写的第二本书，在它之前的1998年，我便写了《李中莹亲子关系全面技巧》，先是在香港出版，后来于2001年在内地出版。

在我心中，亲子关系与家庭关系是非常重要的，我写的第一本书就是关于亲子关系的。孩子是社会的未来，孩子在良好的亲子关系和家庭关系中才能得到健康的成长。亲子关系受夫妻关系的影响，而夫妻关系和家庭关系的起源是婚姻。所以，良好的婚姻关系是生命传承和社会稳定的起点！在过去26年的培训岁月里，我举办过无数次有关这些课题的讲座、沙龙，推出过无数次的课程、工作坊，以及这方面的导师训练班。粗略点算一下，只凭记忆便有：

- 亲子关系导师训练班
- 跳好双人舞（婚姻关系）课程
- 婚恋情感关系导师训练班
- 简快身心积极疗法专业班（导师班）

· 幸福关系学及幸福人生学

· 家庭指导师

· 幸福 · 人生

· 人生拓扑图

· 系统排列导师班

· 人生导师训练班

· 人生圆融班

· 其他从以上主题细分出来的多个专题讲座及课程

亲子关系与家庭关系的课题涉及的内容非常多，通过单个讲座、课程或工作坊无法完全学到，我答应将来会给广大读者编写一本内容齐全的书。

2020年年初，因新型冠状病毒肺炎疫情在家隔离期间，我想起了“编写一本内容齐全的书”这个承诺，便着手行动，并最终完成。

参与各种课程、讲座的学员基本上分为三类：

1. 使用者：人夫、人妻、人父、人母、人子，他们需要的是更成熟的心智、更灵活的思维及更有效的技能，以便使自己在家庭中扮演更好的角色。

2. 助人者：包括心理教练、心理辅导师、心理咨询师、家庭教育导师、学校教师、有关行业（如婚姻辅导、婚介行业、司法等）的培训师。他们需要的是能支持他们、引导他们工作的概念和技巧及其理论。

3. 研究这方面课题的学者、教授等。

这本书里有充分满足上述三类学员需求的内容，并且能够为各种细分课题的微课、读书会、研讨会、讲座，甚至课程、工作坊等提供支持。

李中莹

杭州

2020年2月19日

# 导读

这本书涵盖了截至目前我在两性关系、恋爱和婚姻关系方面的全部学问，包含了理论、思想和行为技巧，以及能力训练方法，因此可以照顾到使用者（本人需要）、助人者（辅导及指引他人的人）和研究者（如导师、教授等）三类人的需求。

在写作中，我一直坚持学问应该易明、易用、易生效的原则，所以我使用大家都能明白的语言，并且只选用容易操作的技巧及操作步骤。从性质上看，本书的内容可分为五个部分：

**一、总论，包括：**

**第一章 婚姻对人生、对社会的意义**

**第二章 影响婚姻的系统性原因**

**第三章 无法恋爱或踏进婚姻**

这个部分是全面理解情感及恋爱关系，促成婚姻关系的通道。

婚姻是个人人生的一个大板块，是人生动力的一个重要专注点（不是在去的路上忙碌，就是在离开的路上忙碌）；婚姻也是人类社会的一个大板块。婚姻产生家庭，而家庭是社会的基本单元。这便是婚姻为什么存在和重要的核心理论基础。

既然婚姻是人生及人类社会的重要组成部分，为何有人不想、不能进入婚姻呢？其中涉及系统性的原因及个人原因，关于如何成功走进婚姻，我提供了具体的方法，一个清晰的六步行动方案。

**二、恋爱过程方面，结婚之前的阶段，包括：**

**第四章 如何谈恋爱**

**第五章 金钱有多重要**

**第六章 如何选择结婚对象**

**第七章 准备结婚**

这部分的焦点从结交异性、谈恋爱，一路发展到谈婚论嫁的阶段，集中在需要关注的事项、正确的价值观、有效的思维模式和行为指引。

恋爱中的男女就像被深度催眠了，往往只在恋爱失败及痛苦出现时才清醒过来。这部分内容能让恋爱中的男女在当局者迷时，手边总有唤回清醒的建议，一路伴随当事人走完婚前阶段，不论结果是成功（决定结婚）抑或失败（失恋）。

若在热恋前看过这部分内容，当事人在恋爱过程中或许能拥有更有效的过滤器，来处理两人关系中繁、复、频的信息，从而更有效地照顾自己的人生。

婚姻是人生大事，若失败了，不痛你一辈子，也会痛你半辈子。当然，也许只有过来人才能真正明白这句话有多么深刻。

**三、怎样把婚姻经营好，包括：**

**第八章 美满婚姻需要的心智与思维模式**

**第九章 如何把婚姻经营好**

**第十章 如何与老人家相处**

很多年轻人满怀憧憬地走进婚姻，以为只要有爱，婚姻生活就会美满。一段时间过后，他们才发现两人之间有爱和两人和谐地生活在一起是完全不同的两回事。有这样一个故事，有人问智者：“我买了婚姻的票，这些不是自动送过来的吗？”智者说：“不，你买了票，只让你有自己动手干活的权利而已！”

第八章重点讨论已婚人士需要具备的条件：心智、思想及有效解读的能力。有这样一句话："问题从来都不是问题，你看问题的态度才是问题。"态度就是你对一件事的看法及由其引导的行为方式。很多已婚人士一遇到不愉快的事情就条件反射地做出负面的反应，这样往往无效，有时甚至会有反效果。

第九章提供具体有效的行为模式、行动方向，及其带来的效果。很少人天生是经营婚姻的高手，也少有人学过这方面的知识和技巧，更少有人想到需要学点知识和技巧再进入婚姻。过去也没有什么地方能教授这方面的操作性技巧。由于人是非常聪明和灵活的动物，不管是制造问题，还是寻找解决方法，都能够天天创新招。所以，这一章的内容虽不能涵盖婚姻中可能出现的全部情况，但已足够让有需要的人逢山开路、遇水搭桥。

第十章专门谈如何有效地消除与老人一起生活而产生的问题，提高家庭生活质量。我们的传统文化非常看重孝道，照顾老人是必然的。两人组建小家庭的前提条件有时往往就是必须与老人同住。与老人一同生活，因彼此习惯、生活方式不同，可能会产生很多问题，从而严重地影响家庭成员的生活质量，但生活中这个问题被严重低估了。

**四、婚姻关系出现问题的解读及处理，包括：**

**第十一章 婚姻出现危机**

**第十二章 孩子对婚姻关系的影响**

**第十三章 挽救婚姻，你需要怎么做**

**第十四章 当婚姻无法挽回时，你该怎么做**

当婚姻中的两个人没有做好前面三个部分所说的工作，婚姻关系渐渐变坏而没有觉察，逃避或不认真对待婚姻中出现的分歧，最终严重问题爆发出来了！出轨是一个非常典型的严重问题，这个问题怎样理解，可以怎样做，第十一章会进行专题讨论。

第十二章谈的不是如何有效经营亲子关系，而是孩子在婚姻关系中的深层意义，以及夫妻双方对孩子的态度会如何影响婚姻关系。

第十三章谈的则是，当人们看到了婚姻关系的问题时，可以做点什么。

假如努力了仍无法挽回婚姻，那当事人需要怎么看、怎么做？这就是第十四章所讨论的内容，可以看作是对此状态下又急又疯的当事人的一份提醒。既然挽回婚姻已经无望，那就做一点减少这个结束过程中的痛苦、疏漏及后遗症的预备工作。

**五、结束，再来一次，包括：**

**第十五章 当一段婚姻走到尽头时，你该怎么做**

**第十六章 开启新的婚姻，你准备好了吗**

**第十七章 如何处理第二次婚姻中的亲子关系**

**第十八章 怎样让第二次婚姻更幸福**

人们怀着对幸福的憧憬走进婚姻，而现在面对它的结束，总是满怀失望及伤痛。在这种情况下，人们有效思考的能力相较平时已经大大降低，而偏偏在这个时候，很多重要的事情因为会影响未来很多年的生活方式及质量，需要清醒的思考能力。第十五章就尝试给这些人一个备忘录及一些思想及行为指引。

刚结束婚姻的人特别无力和脆弱，很容易产生“需要一个人”的感觉，并且容易展开新的感情之旅。其实这个时候找新伴侣是不明智的。第十六章会讨论这个问题，并给出一些建议。

第十七章着重讨论带着孩子进入新的婚姻时应该注意些什么，以及可以做些什么，处理好跟孩子（亲子）、跟新伴侣（婚姻），以及跟整个家庭（家庭）的关系，有一个最好的开始。

第十八章则全面地探讨新家庭里众人的幸福感可以怎样建立起来。

以上就是本书的全部内容，共十八章，五个部分。

阅读不代表明白，明白不代表吸收，吸收不代表能够使用，使用不代表有良好效果。我的学问都是“做”的学问，而不是“说”的学问，请大家多练习，多运用在自己和别人身上。

# 目录

Contents

## 上篇

第七章

## 准备结婚



# 中 篇

第八章

## 美满婚姻需要的心智与思维模式

第九章

## 如何把婚姻经营好



第十章

## 如何与老人家相处



第十一章

## 婚姻出现危机

# 上篇

第一章

## 婚姻对人生、对社会的意义

## 人生的意义

每个人接受生命、展开人生，是为了本人家族生命系统的延续。这里包含“更好的延续”的意思。更好的延续总是跟随着四个步骤：平衡、稳定、发展、壮大。

每个人应该尽可能地完成延续生命系统的任务，如此才有能力和资格去追求成功、快乐的人生，因为人生越成功、快乐，就越能让下一代更好地成长，从而越能更好地完成延续生命系统的任务。

所以，每个人的人生意义可以总结为：

一、为了生命系统的有效延续。

二、为了成功、快乐的人生。

三、为了每天更多的轻松、满足。

## 生命系统的运作法则

生命系统用生命传承的方式保证延续，如图1所示：

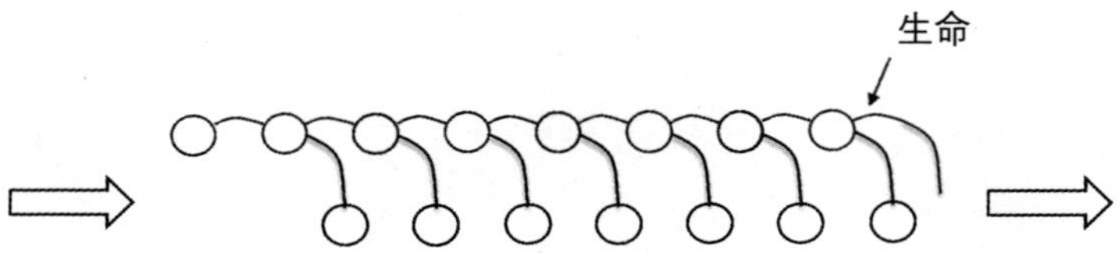


**图1　每一代的出生到离世**

你父母来到这个世界是为了生命系统的延续，他们把生命传给你是为了生命系统的延续；你接受生命、展开人生是为了生命系统的延续，你把生命传给孩子也是为了生命系统的延续。

每一代父母来到世界，把生命传下去，都是为了生命系统！我们都是生命系统的钟点工，为了服务生命系统而来到这个世界，到时间了就会离开。所以，生命系统能够更好地延续是生命代代传承的意义所在！

## 婚姻对生命传承的意义

生命传承三部曲：

第一部：认识、恋爱、结婚、成家（为了给孩子提供最好的身心成长空间）。

第二部：孕育生命，新生命诞生。

第三部：帮助孩子更好地成长。

帮助孩子更好地成长是要帮助孩子培养出照顾本人人生的能力，这份能力包括为生命系统服务的能力，具体地说就是为生命系统的平衡、稳定、发展、壮大做出贡献。在孩子的成长过程中，让孩子自由地探索世界，拥有整个世界的空间，如此孩子才能有更大的机会去做好生命系统的有效延续工作。

生命传承三部曲创作出的身份及关系：

第一部：夫妻关系。

第二部：父母身份。

第三部：亲子关系。

## 婚姻与社会的关系

家族系统就是血缘系统，血缘系统存在于更大的系统里，一种更大的系统是民族系统，另一种更大的系统是社会、国家。人是无法脱离其他人、事、物而独立生存的，我们生活在社会里，每个人都要贡献自己的价值。我们不仅需要国家的照顾、保护，同时也需要照顾和保护我们的国家，好让我们的家族生命系统能够有效延续下去。

家庭是构建社会的基本单元，家庭稳定、安好、幸福，社会就能继续繁荣、进步，国家也就更昌盛、富强。

两个陌生人从认识开始，约会、恋爱、决定结婚、成家。家庭因为婚姻而得以构建，为的是提供最好的空间去支持下一代的身心成长。社会、国家的未来在下一代的身上，所以下一代的成长至关重要。下一代最好的成长环境是和谐稳定家庭空间，父母良好的婚姻关系是维持这个空间存在的基础，所以婚姻对社会是非常重要的。

生命系统与社会系统（生活）存在的意义都在“家庭”二字那里交汇（生命系统的生命传承及社会系统的构建单元），而家庭是由婚姻开始的。这使得婚姻成为个人人生与社会里的关键点，婚姻的质量牵引着每一个人，可是正确认识及有效经营婚姻的学问至今尚未普及，实在令人遗憾！

## 婚姻对你的意义

你的人生是为了生命系统的有效延续，而生命系统有效延续的基本条件是生命传承，你的家族系统给了你这个任务，执行方式就是：恋爱，结婚，组建家庭；新生命诞生；帮助孩子有效成长，让孩子能做好生命系统的有效延续工作。每一代人都在重复本人的生命传承三部曲。

婚姻对你本人的意义是什么呢？有三点：

一、对生命系统的责任有所交代，即组建家庭、生孩子、帮助孩子有效成长。

二、人生路上有个伴，即找个人生伴侣，一辈子相互扶持前行。

三、心灵的最后港湾，就算有一天世界已无你安置身心之处，你还有伴侣所提供的安心之所。所以，一个能让你身心俱安的人便是你的家，正所谓“安心之处，便是吾家”。

这里还有几个问题需要思考：

一、谁考虑过婚姻意义的第二点、第三点，并以此来选择伴侣的？

二、如何能够保证一定能找到“人生路上一辈子的伴侣”？怎样才能够做到一辈子做伴，并一直轻松、快乐，充满满足感？

三、如何成为彼此的心灵港湾？需要具备什么能力和哪方面的技巧？

正是因为这些问题被严重地忽略，导致现在社会上婚姻问题频出，离婚率高、婚姻名存实亡等情况很严重。

## 婚姻关系的一些特点

每个人都活在自己的内心世界里，这个内心世界的一切事物可大致分为三个围绕着自己的圈（从外至内）：事物系统、人的系统及血缘系统。如图2所示。我将其称为“三圈系统”，三个圈需要有不同的态度，按着三种不同的态度对人

**图2　三圈系统**

处事，会大大减少烦恼及纠结。

对所有人、事、物都应该尊重，此外——

事、物：为我所用，我可以成为它们的主人（可以操控、拥有）。

一般人：没有血缘关系，必须尊重界限，不可以操控（无效），不能拥有。这个圈的关系可以新建，也可以切割、终止。

有血缘关系的人：除了尊重界限，必须完全接受因生命传承而产生的绝对关系（DNA测试）。对此有任何抗拒都只会让人无力，因此这份关系无法改变。

夫妻双方来自不同的系统，根据三圈系统的概念，夫妻应属于第二圈“人的系统”，两者既可以结合，也可以分开。夫妻双方虽然没有直接的血缘关系，但他们两个因为是孩子的父亲及母亲，都跟孩子有血缘关系，也因此同属一个血缘系统，如图3所示：

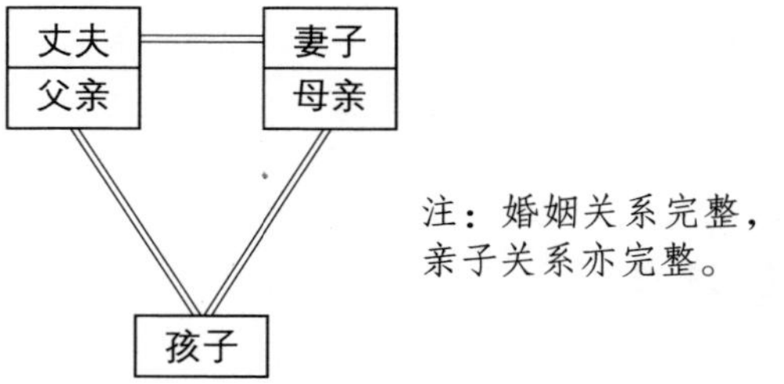


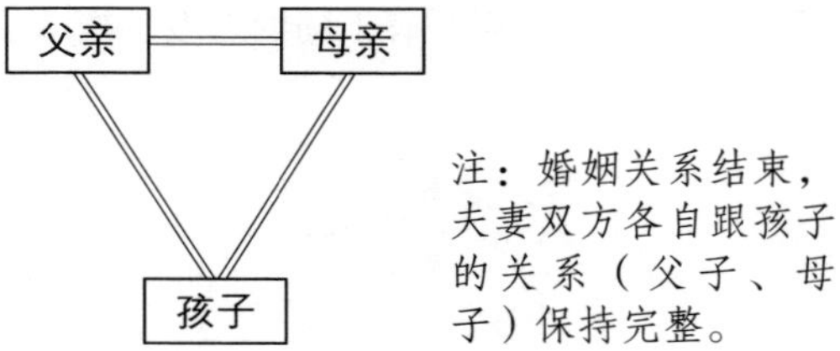


**图3　家庭中的三圈系统**

所以，在理论上，父母分开与否是不影响父子关系及母子关系的。

第二章

# 影响婚姻的系统性原因

## 与父母联结构成的“铁三角关系”

影响婚姻的系统性原因，是指超越你个人所能控制的、与你的家族系统有关的、因为系统的某一种情况而产生的问题。

这里摘录了诺曼·道伊奇（Norman Doidge）的《重塑大脑，重塑人生》里的几句话：

> ……催产素有时被称为承诺的神经调节器，因为它强化哺乳类动物的关系联结……
>
> ……催产素跟孩子依恋到父母身上有关系，控制它分泌的神经元有自己的关键期。在孤儿院长大的孩子，小时候跟人没有密切的接触，长大后就会跟人有联结上的问题。即使被很有爱心的家庭收养很多年后，他们大脑中催产素的浓度还是很低。

“催产素有时被称为承诺的神经调节器”，“承诺”指的是婚姻里“在一起”“终生厮守”的那个承诺。这段话让我们明白，如果一个人小时候跟父母接触少，尤其是身体、皮肤上的接触，会对其以后的婚姻情感关系产生很大影响。由此可见，我们每个人受父母关系的影响是多么严重（父亲、母亲与孩子组成铁三角的关系）。父亲跟孩子的关系、母亲跟孩子的关系被称为亲子关系，这份亲子关系在很大程度上会受到父母关系的制约。

今天的你为什么会是现在这个样子？在你成长的过程中，你的三观，你对人、对事、对婚姻或者对情感关系的态度，对某些事的喜爱或厌恶，是如何形成的？你父母的关系好不好？当发生冲突时，他们会如何处理？

今天你对某一些事情的反应，特别是对某些问题你想都不想就知道该如何处理，完全是受你父母的影响。就算你出生后你的父母就不在你身边，影响同样存在。因为父母不在你身边，你人生里的某些事出现了什么样的变化？你的婚姻情感关系又发生了什么样的变化？

你会发现我们每个人都是被铁三角关系塑造起来的，如图1所示。没有这份觉察，我们终生都会被这份铁三角关系绑架。好的铁三角关系当然是好的，那些不好的可能会让我们终其一生都活在痛苦里，并且还找不到原因。

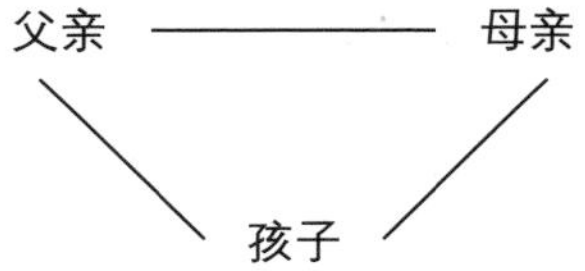


**图1　铁三角关系**

催产素让我们认识到，很多东西根本是不自觉的。很多处理婚姻情感关系问题的专家都忽略了这一原因，以为婚姻情感关系出现问题是个人性格所致，然而性格在本质上却是受铁三角关系的影响。

假如铁三角关系给我们带来的影响是负面的，现在我们已经有足够的知识、技巧、能力可以消除这些负面影响。在我们父母那个年代根本无法明白的事情，在我们这一代逐渐变得清晰起来。

## 投射现象

投射现象是非常普遍的一种心理状态，这种状态在很大程度上影响着婚姻情感关系。一般来说，孩子应该在父母照顾下先完成身心的成长，然后再进入成年阶段。假如年龄与生理状态都达到成年阶段，但是心理状态还达不到，那么这份未完成的任务就会落在其人生中其他人的身上。投射大部分与父亲的联结有关，与母亲的联结也有不少，父母双亲都有也是常见的情况，亦有比较复杂的其他投射情况存在。

投射现象在婚恋问题里有多普遍？几年前我在大连开设了一个专门针对婚姻情感关系的工作坊，在三天时间里，我处理了十三个个案，每个个案都有投射现象。这里我分享一个。

**个案：**

“我和我丈夫关系不是特别好，他回到家会对我有各种挑剔，这个做得不对，那个也做得不对。我之前是讨好他，压抑自己，后来我觉得生气，很委屈，为什么我做了十件事情，九件好的他看不到，只看到那一件不好的。”

**处理步骤：**

第一步，引导案主用呼吸放松法放松自己，把注意力放在肩膀处。

第二步，引导案主用手按着胸口，对潜意识说话：“谢谢你，潜意识！一直以来你给了我很多照顾，尤其在我最辛苦的时候，是你在用心地照顾我。现在我想用这个练习，让我更了解我和我丈夫的关系，我很希望在这方面有所提升，你可以支持我吗？”如果潜意识表示认可，则谢谢它。如果觉得还没有完全放松，则继续对它说：“这个练习是很安全的，而且可以在任何时候停下来。请你支持我。也许这个练习会涉及一些联结问题，但我向你保证，这个练习只会帮助你变得更好，请你支持我。”

第三步，引导案主闭上眼睛，心里想象她的丈夫就站在她的对面，请她注意观察丈夫的表情。引导她对丈夫说几句话：“我是你妻子，你是我丈夫，你只能给我一个丈夫给妻子的东西，不能更多。也许过去我对你有一些要求和期望，那不是一个丈夫能够满足我的，而是父亲与母亲才能满足我的。也许我已经错误地把这些要求与期望投射在你身上，这对你是不公平的，对不起。”

第四步，引导案主用自己的方式感觉她的父母在她背后——左母右父，他们把生命传给她。每一代父母都是这样，把生命传给前面的孩子。

第五步，引导案主用自己的方式，想象她加诸丈夫身上的一些要求与期望飞走了，飞到了她背后的父母那里。不需要刻意地想那些要求和期望是什么，认定有就可以了。

第六步，引导案主对自己说："我以为我和他的婚姻，我和他的这种联结，可以满足我的有些要求和期望。可是不行，那些要求和期望只有父母才能满足我。所以，我跟他的这份关系、这份联结也要飞出来，飞到背后的父母那里，直到全部能飞的都已经飞出来。"

第七步，引导案主对自己说："每个人与父母的联结都非常重要，必须完成。可是，就算没有完成跟父母的联结，这件事也不应该妨碍我们走自己的人生路，不应该妨碍我们更清楚地认识这件事情，并更好地完成它。所以，我会找一个恰当的机会改变，完成与父母的联结。"

第八步，引导案主注意丈夫的表情是否有变化。让案主看着她的丈夫（背后有他的父亲与母亲），对丈夫说："我是你妻子，我只可以给你一个妻子给丈夫的东西，不能更多，过去你对我的一些要求和期望，也许只有你的父亲和母亲才能够满足。现在我带着这份尊敬，把这些要求与期望交还给你父母。"引导案主以她自己的方式想象一些要求与期望从她身上飞出来，飞到丈夫背后的父母身上。引导案主继续对丈夫说："也许有些要求与期望，你认为能在婚姻里得到满足，但是同样地，那些要求和期望也只有你的父母才能够满足你。"然后，引导案主想象那份关系与联结从自己身上飞出来，飞回到她丈夫的父母身上。

第九步，引导案主继续闭着眼睛，想象现在看到丈夫在慢慢往后靠，靠在他父母怀里，他的一些要求与期望都在他父母那里得到满足。

第十步，引导案主自问：你爱他吗？引导她告诉她的丈夫："我爱你，所以我愿意为你做很多，可是我只能给你一个妻子能给丈夫的所有，正如你只能给我一个丈夫能给妻子的所有。我愿意以妻子的身份跟你继续走下去。我甚至愿意踏出第一步做一些事，改善我们的关系。我希望在我踏出第一步的时候，你也能踏出一步，因为我很在乎我们的关系。”

第十一步，引导案主感受父母在她背后的感觉。告诉案主：“父亲背后是他的父母，每一个父母背后都是他们的父母，很多很多代的父母在你后面。每一代父母都毫无保留地把所有的力量、爱与资源传给前面的孩子，一代一代都是这样的。传到你父母的时候，他们也把他们能给你的全都给你了。所以现在，请用手按着胸口，跟潜意识在一起，然后深吸一口气，感受你的心打开，源源不断地接收来自很多代父母的力量、爱与资源。继续大力地吸两口气，每一口气都比刚才接收多一倍的来自父母、以往每一代父母的力量、爱与资源。你有充分的权利接受所有父母能给你的力量、爱与资源，不管父母怎么样。确保那些力量、爱与资源源源不断地充塞你的心，充满你的整个身体。继续大力地吸气，获得更多力量、爱与资源。同时，看到你丈夫在对面，看到你跟你丈夫之间慢慢联结起来。”

第十二步，告诉案主：“任何时候，当你需要这股力量，你就可以把手放在胸口，深吸一口气，然后这股力量就回来了。”

事实上，在这个个案里，不仅妻子把对父母的需求投射在丈夫身上，丈夫也把他自己对父母的需求投射在妻子身上。在婚姻情感关系里，这样相互投射的现象极为普遍。

在这个个案里，我使用了“消除投射现象”的技巧。这个技巧的效果是显著的，但究其根源，投射现象的产生是由于与父母的联结缺失，所以案主需要先完成跟父母良好的联结，然后才能从根本上解决投射问题。

在完成与父母的充分联结之前，每当你与伴侣的关系紧张、心中有委屈和失望时，都可以采用“消除投射现象”技巧，多做几次。当潜意识熟悉这一套程序之后，整个过程会在几秒钟内完成。

## Z形效应

在一个家庭里，父亲与母亲是平等的。但在我们的社会传统中，基本上是男性当家，女性在家庭中通常处于被动地位。此时父亲与母亲的关系是倾斜的，父亲高，母亲低。某些地方、某些家庭甚至还会歧视女性，比如重男轻女等。在传统文化里，男人身边多一些女人，能证明男人很有能力、很威风。学贯中西的"清末怪杰"辜鸿铭，在被英国人嘲笑有很多女人时，曾回答说："你看过一个茶壶只配一个茶杯吗？"中华人民共和国成立之后，法律规定一夫一妻制，可是社会文化并不会随之马上改变，而需要很多代慢慢消化。现在有些有能力、有钱、有地位的男性包养情人，基本上就是在延续之前婚姻文化的糟粕。

在古代，男人或是在外经商或是进京赶考，几年都不回家，女人孤独地守候在家。假如女人生了孩子（儿子），她就会把所有的关注点都放在儿子身上。此时，在外的男人与守候在家的女人之间的情感关系实际上已经断了。

儿子长大以后会娶妻，他的母亲也会主动去给他找一位门当户对的女孩子，来帮助他建立新家庭。那么问题来了：当母亲清醒的时候，知道新来的女孩子是儿子的媳妇，是她的儿媳妇；当母亲不清醒的时候，新来的女孩子就是抢走了她人生中最重要的男人的女人，从而不会让儿媳妇有好日子过。同时，由于儿子在母亲的溺爱下长大，他本人很难发展出尊重女性的情感，假如母亲与妻子争吵，儿子通常会觉得吵架是两个女人的事，或者觉得妻子应该让着母亲。日积月累，这个儿媳妇的内心就会和这位母亲当年一样孤独。倘若此时恰好有个孩子出生，她就会把所有的关心和爱都倾注到孩子身上，她与丈夫的情感关系也就断了。下一代的家庭、下下一代的家庭可能都会是这个样子，如此陷入恶性循环，这就是"Z形效应"，如图2所示。

这是我们整个社会非常普遍的一种现象。当这些问题产生时，我们往往抱着"传统就是这样，我有什么办法"的态度。在这样的家庭关系中，女性尤其辛苦。她们一方面亲身承受了这个传统带来的痛苦；另一方面又不得不维持自己与

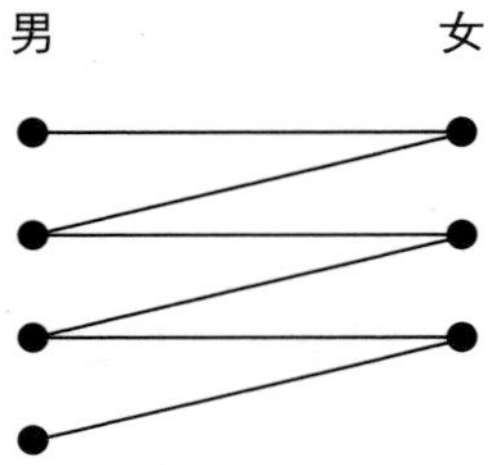


图2　Z形效应

伴侣、与孩子三人之间的关系，同时还要坚持把生命传承下去。从这一点看，我们的女性是非常伟大的，尽管她们在很长一段时间里地位不高，内心非常痛苦，但她们还在继续坚持，一代一代地把生命传承下去。

今天，当家族系统中的一些传统思想和现代人的人生观、价值观存在冲突时，我们该怎么办？如何避免Z形效应？

在Z形效应的例子中，假设第一代父母是你的祖父母，第二代是你的父母，第三代是你和你的伴侣，我们来看看如何规避Z形效应。

首先，我们必须尊重他们。生命就像顺势而下的水流，顺着台阶从高往低一层一层流下来，所以祖父母是三楼，父母是二楼，你是一楼，你的孩子在负一楼，生命就是这样传承下来的。对三楼、二楼的人，我们要有一个敬仰的态度，尊重他们的序位比我们高。当你在一楼生活的时候，你不应该爬上二楼、三楼去偷窥他们在做什么。无论是家族系统还是企业，我们必须尊敬比我们先来的人，让他们感受到安心、安全。上一代越快把他们的东西传给我们，我们就越容易做得更好。

其次，在母亲、儿子、儿媳妇的三人关系里，三人一起生活，但可以各自拥有不同的时间。一个人的时间是指属于个人自己的时间，比如儿媳妇在个人的时间里，可以和几个闺密一起吐吐苦水、散散心，舒缓情绪；两个人的时间是指夫妻俩有属于自己的时间，比如一年里最少旅行两到三次，一个星期里至少一起吃一顿饭，维持并增进两人的感情；三个人的时间是指母亲、儿子、儿媳妇三人在一起的时间，一定要陪陪老人家。用这样的方式，我们容易找到一个关系回旋的空间。

海灵格老师就建议儿媳妇对婆婆说“我很爱你的儿子，有什么事你跟他说就行了”。你来到这个家庭系统，是跟你的伴侣产生一种关系、一份联结，你不是嫁给一个家族。与伴侣的关系是家族生命系统有效发展的关键条件，如果与伴侣的关系打了折扣，甚至打了死结，不管不顾地发展下去，关系会越来越糟糕，死结会越来越难解。在一个家庭里，最根本的就是夫妻关系，夫妻关系好，就算其中一个去世了、不在了，另一个的心还是安定的。

最后，在Z形效应下，儿媳妇始终要清楚：伴侣就是伴侣，人生里最重要的关系是和伴侣的关系；生命里最重要的关系是与父母的关系；生活里最重要的关系是和自己的关系。用这个态度来把人生分成三块：人生、生命、生活。

人生层面，伴侣是手牵手走一生的人，孩子长大了要飞走，如此才会让系统有最大的发展和空间；生命层面，最重要的关系是与父母的关系，不是与孩子的关系；生活层面，身心合一，言行一致，对什么事情不会说一套做一套。

规避Z形效应，从解决夫妻关系开始。这需要一些工具，需要学一些关于如何沟通、如何处理婚姻里各种情况的技巧，一点一点地去消除Z形效应带来的影响。

## 兄弟姐妹年龄差小于2岁

“三年抱俩”的后果往往会被忽略，在心理辅导、婚姻辅导中很少被谈及。一个人出生之后，身体虽然离开了妈妈的肚子，但在心理状态上还需要经历三个阶段才能充分知道“我是独立的，我有我自己的人生”。第一个阶段，你出生了，得到爸爸妈妈细致的照顾，你就会觉得你还在妈妈的肚子里，与妈妈是一体的；第二个阶段，你知道你跟妈妈分开了，可你跟妈妈之间还有一根“脐带”连接，你想什么妈妈都知道；第三个阶段，“脐带”被剪断了，可妈妈还是你的，你不愿意和别人分享妈妈的爱。有些家庭里会出现孩子不允许爸爸抱妈妈的情况，因为孩子认为“妈妈是我的，不准你抱”，这就是第三阶段的表现。

一般来说，这三个阶段需要两年来完成，在我接触的个案中，甚至有需要四年以上的时间才能完成的情形。如果在孩子出生不到两年的时间里，第二个小孩出生了，那第一个小孩就会产生“我不想跟你分享妈妈”的心理，他不允许弟弟或妹妹跟自己分享妈妈的爱。

在这种情况下，如果父母对第一个小孩的这种行为持否定态度，经常说“弟弟/妹妹年龄小，你就让着他”“你要爱他，他是你弟弟/妹妹”之类的话，第一个小孩会觉得这每句话背后的意思是“我需要把妈妈让给他”，甚至会产生“我没有爸妈”的念头，那他就会不断怀疑自己是不是有资格存在，也就是所谓的“资格感缺失”。

资格感缺失的人在自己的人生里会出现很多问题，他可能不容许自己去做某些能让自己活得更轻松、更成功、更快乐的事，甚至还会故意做一些事去破坏自己努力争取来的、快要得到的成功和快乐。在婚姻情感关系里，两个人的关系本来好好的，也许太好了，资格感缺失的人就非要搞出一些事情，破坏这种关系，不允许自己的婚姻情感关系轻松、幸福。

因为没有完成跟母亲的联结，资格感缺失的第一个小孩通常会表现出“不能爱”，不能爱自己，不能爱别人，同时也不能接受别人的爱。而第二个小孩的想法是：哥哥/姐姐不愿意跟我分享妈妈，那我到底有妈妈还是没有妈妈？他会不停地怀疑。假如接下来又有第三个小孩出生，也就是四年里有三个小孩出生，那中间的那个孩子总是最辛苦的，因为他还没有从哥哥/姐姐手里抢到母亲，就又要让出来给弟弟/妹妹。

我曾遇到这样一个个案，案主不断地做很多事去证明自己有能力，又忙又累，却总收不到预期的效果，而且也没有恋爱、结婚，连谈都不敢谈。不能爱自己的人还有一个表现，就是不太在乎自己的形象，总是穿得一塌糊涂。他总觉得：“为什么我这么辛苦而你们不欣赏我，不对我好一点呢？我忙了这么多年为什么没效果呢？”在婚姻情感关系里，假如伴侣是这样的状态，你可以想象两个人的关系会多么纠结，维系起来有多辛苦。

类似这样的例子有很多，那么我们该如何解决？

在兄弟姐妹年龄相差不到2岁的环境里成长起来的小孩，有很大的不安全感，很害怕失去。因为小时候“失去”了妈妈，他就总认为“我得不到，即便得到了也有可能会失去”。于是他不愿意分享、不合群，总是独来独往，人际关系很淡薄，朋友也交不长久。因为太害怕失去，他不敢全力以赴地去投入，而一旦投入，他就会产生很强的操控欲。

这类情况很容易造成内心创伤，往往需要做心理辅导来进行处理。假如你有两个小孩，且年龄相差不到2岁，你要懂得怎样去避免、化解孩子因此可能出现的那些问题。

假设现在有位母亲，她有两个小孩，一个女儿，一个儿子，这姐弟俩的年龄相差不到2岁。在这种情况下，姐姐内心对弟弟往往不太接受，虽然她很可能会说她很爱弟弟。她说爱弟弟，一方面可能是发自内心的；另一方面则可能是在成长过程中接受了足够多的教育，接收到“姐姐应该爱弟弟”的信息。可是，如果我让她看着我的眼睛说三遍“我很爱我弟弟”，而她能平静、坚定地说三遍且不眨一下眼睛，那我才会相信她。不符合内心情感的话，是没有办法平静而坚定地说出来的。

做个案辅导时，我会引导弟弟对姐姐说“妈妈是我的，我不跟你分享”，把姐姐内心很深层、压抑了很久的情绪激发出来，然后看看姐姐会怎么说。

接着引导姐姐跟妈妈说：“妈妈，你是我的，对吗？”妈妈对姐姐说：“你是我女儿，妈妈爱你，你有我全部的爱。”接下来弟弟也会对妈妈说：“妈妈，你是我的，对吗？”妈妈同样对弟弟说：“你是我的儿子，你有我全部的爱。”

一位母亲不管有多少个孩子，她都可以给每个孩子全部的爱。这是在内心最深处不能用理性的东西来评判的。每个孩子都会得到妈妈全部的爱，所以在这个过程中，假如你没有学过心理辅导，可能会产生比较剧烈的情绪，因为姐姐会暴露出内心的创伤。妈妈可以用一些方式，比如说一些安慰她的话，或给她一个拥抱，来表达对女儿的爱。女儿会发现，母亲是爱她的。

母亲在抱住女儿的同时也要抱住儿子。当两个孩子的内心都能充分感受到妈妈全部的爱时，两个孩子就不会不接受彼此了。接着建议三个人分开，让两个孩子分别牵着妈妈的手，引导姐姐对弟弟说："弟弟，我现在看到你了，我也感觉到妈妈给了我全部的爱，所以我愿意跟你一起分享妈妈。"引导弟弟也对姐姐说："姐姐，我也感受到妈妈给了我全部的爱，所以我也愿意跟你分享妈妈。"然后三个人再次手牵手，再次拥抱在一起。这个个案就可以结束了。

这个过程中的关键是什么？一句话而已。在现实生活中，如果你家里的两个孩子还很小，就不要劝哥哥或者姐姐"弟弟/妹妹还小，你要让着他"，因为每一句"让"都可能会伤害到他或她。

如果你发现家里的两个小孩，老大总是在生老二的气，总是打老二、抢老二的东西，这就表明老大没有安全感，害怕失去。这时你不要跟他讲道理，每次讲道理对他都是一次伤害。你就用我上面介绍的方法，用爱给他信心，慢慢地，两个孩子就可以互相接受了。

## 父母不和

父母关系对孩子的成长有很大的影响。在心灵层面上，孩子一半属于父亲，一半属于母亲，他同时守护着父亲和母亲。对一个孩子来说，最痛苦的是父亲说母亲不好，母亲说父亲不好。因为在孩子心中，父母是绝对不会错的，是完美的。现在这绝对不会错的、完美的其中一个去指责另外一个，孩子根本不知道如何应对，心里会觉得非常痛苦。

孩子天然地爱父亲、爱母亲，很希望为父母做点事，可当父母有冲突的时候，孩子能为父母做什么？他不能去否定父亲、母亲，也不能完全回避，他很想做点事却无能为力。一边是父亲，一边是母亲，他不知道该怎么办，就会很纠结。

有一个女孩子，她妈妈很强势，妈妈对爸爸的态度也很强势，这个女孩大多数时候会站在父母中间护着爸爸，"妈妈不够好，她没资格照顾爸爸、照顾我”“我比妈妈更好”。而如果是男孩子，他的父亲有家暴行为，打他的妈妈，这个男孩就会站出来保护妈妈。爸爸对妈妈不好，男孩就不自觉地扮演爸爸的角色。一旦孩子介入父母之间，就一定会出问题。因为孩子内心认为“每当我帮了一方，我就代替了另外一方”。他忙着在父母之间周旋，没有时间退回到他作为孩子的位置做他该做的事。

在现实生活中，你一定听过类似的话，“我父母有很多问题，我要照顾他们，我没有时间谈恋爱”，这就是把心灵层次的事带进了生活。如果孩子把自己放在父母之间，他们就没有办法过自己的人生，只能做一块木板挡在父母之间，父母辜负了系统赋予他们做父母的责任，结果是三个人都没有做好自己的事。

有些人即使结了婚也放不下父母，经常回到父母那里去，甚至一周有四五天都在父母那里度过，结果引起老公、孩子的抗议。

对孩子来说，他总是看到父母吵架，很有可能会觉得“结婚就是制造麻烦”；有些孩子完全复制了父母不和的模式，结婚后和伴侣也不能和睦相处，就像一个循环。

处理这种情况的唯一办法是转身向前看。在生命传承的过程中，我们接受了父母传予的生命，我们的责任是往前看、向前走，建立成功、快乐的人生，让生命系统更有效地延续，并在准备好的时候把生命继续传承下去。父母在我们的背后，我们不应该停留在过去，更不应该转身把自己放在父母之间。无论背后发生什么事，我们只需带着这份感恩与接受往前走，这才是真正处理好这种情况的唯一办法。

在这里，我将通过案例给大家介绍一个技巧，来处理这种情况。在这个个案里，案主是一个三十五岁的单身女性，她的父母不和已经三十多年了，每当她想到妈妈，她就会觉得很难过，想到爸爸时也感到很纠结、很难过。

**技巧步骤：**

案主侧向站立，闭上眼睛，想象和父母在一起。

第一步，采用呼吸放松法，自如地呼吸，把注意力放在两边肩膀上，放松肩膀。若仍感觉很紧张，则伸出右手按住胸口，说：“潜意识，谢谢你！一直以来你照顾了我很多，尤其在我最辛苦的时候。现在，我想通过这个练习去进一步了解我的父母以及他们跟我的关系，我需要你的支持，可以吗？”若潜意识回答“愿意”，则谢谢它。当案主足够平静后，进行第二步。

第二步，引导案主用她的方式向前看，无论是睁开眼睛还是闭着眼睛，看到父亲、母亲在自己面前，父亲在左边，母亲在右边。这是第一个位置。看到父亲、母亲在前面的时候，引导案主注意现在内心的感觉。

第三步，走到父母中间。这是第二个位置。引导案主注意内心的感觉，与之前的感觉相比，现在是好了还是坏了。

第四步，正向站立，想象背后是父亲，面前是母亲。这是第三个位置。引导案主注意内心的感觉，与第三步中的感觉相比，现在是好了还是坏了。

第五步，背向站立，背后是父亲，面前是母亲。这是第四个位置。引导案主注意内心的感觉，与第三步中的感觉相比，现在是好了还是坏了。

第六步，退回到第一个位置，面对着父母。

第七步，引导案主闭上眼睛，想象父亲在自己面前，并对父亲说：“爸爸，你是我爸爸，你是我唯一的爸爸，也是最有资格做我爸爸的人。我完全接受你是我爸爸。生命经由你和妈妈传给我，我的责任是用你们给我的一切去创造一个成功、快乐的人生，就算我有其他需要，我也可以凭你们给我的一切去其他地方获得。我知道我的人生路不会平坦，会有很多坎坷、很多挑战，甚至很多挫折，可是我相信你们给我的已经足够了，可以让我一天比一天活得更好。有一天当我准备好的时候，我也会把生命传下去。我会很好地照顾我自己的人生，很好地照顾我自己的家庭。我还会做很多好事，让你们以我为荣。我用这种方式来表达对你的感谢、爱、尊敬。当我把我自己照顾得更好的时候，你就不需要为我担心，能够把所有的力量放在处理你和妈妈的事情上。不管发生什么事情，爸爸，你永远都是我的爸爸，我永远爱你。谢谢你，爸爸。我爱你，爸爸。”引导案主注意父亲的表情变化。

第八步，引导案主继续闭着眼睛，想象自己看着父亲，用她的方式想象她看到父亲的背后是他的父母，父亲现在往后靠，像个孩子那样靠着他的父母，现在父亲得到了他父母的照顾，注意看父亲的表情。

第九步，让案主闭着眼睛，然后转身，想象母亲在她面前，并对母亲说：“妈妈，你是我妈妈，你是我唯一的妈妈，我完全接受你是我的妈妈。生命经由你和爸爸传给我，其中已经包含所有我需要的爱、力量、资源，就算我有其他需要，我也可以凭你们给我的一切去其他地方获得。我的责任是运用你们给我的一切去创造成功、快乐的人生，有一天当我准备好的时候，我会把生命传下去，像你一样，做个妈妈。我会很好地照顾我自己，很好地照顾我的家庭，我更会做很多好事，帮助很多人，让你以我为荣。我用这种方式来表达对你的爱、感谢与尊敬。我知道做一个母亲不容易，但从你身上我看到了，你给我树立了一个非常好的榜样，我也会尽量做到像你这么优秀、这么好。妈妈，我把你放在我心里一个非常重要的位置，将来有一天你会看到我是多么努力地去经营我的人生，让自己变得更好，让自己更有力量。当有一天我准备好、我愿意的时候，我也可以有感情生活，也可以有婚姻。妈妈，谢谢你！妈妈，我爱你。”

第十步，引导案主闭着眼睛继续对妈妈说：“妈妈，我自己可以过得更好，我能够为很多人做很多事，让你以我为荣。这样你就不会为我担心，你就可以把所有的精力用于处理你和爸爸之间的事。不管发生什么事，妈妈，你永远都是我妈妈，我永远爱你。”

第十一步，引导案主闭着眼睛，想象看到母亲的背后是她的父母，母亲往后靠，像个孩子那样靠着她的父母，现在母亲也得到了她父母的照顾。

第十二步，引导案主对父母深鞠躬，把过去试图照顾他们的那份辛苦交还给他们各自的父母，让父母看到她对他们的尊敬、爱、感谢，告诉他们“我需要转身，充分地、完全地去做一个孩子应该做的事”。

第十三步，引导案主慢慢站起来，然后转身，闭上眼睛想象自己的未来。人生永远只有一个方向，向前的方向，就是未来。对案主说：“现在你看到未来的人生路越来越宽、越来越亮，你看到未来的自己正在走路，走得轻松吗？开心吗？你的旁边有人吗？”

第十四步，引导案主，睁开眼睛体会现在内心的感觉。

在这个技巧中，第二步、第三步、第四步、第五步中的四个位置有不同的意义。第一个位置是孩子的位置，第二个位置是在父母之间，第三个位置是挡着母亲，第四个位置是挡着父亲。案主不用说太多详细的情况，让她站在每一个位置感受内心的变化，往往就能解决她的困扰。

每一代父母都比上一代更优秀，生命传到我们这里，我们就已经接受了那么多的力量与爱，我们的责任就是接受生命，活出成功、快乐的人生，而不是纠结于父母不和，无法进行自己的生命传承。人类过去的发展已经充分证明，每一代人都比上一代人更好，所以我们有资格、有权利活得比我们的父母好。

## 家暴

根据已公布的数据，家暴在中国家庭中的发生率为29.7%—35.7%，如果把冷暴力也算进去的话，家暴的发生率甚至会超过50%。家暴是用拳头来解决问题，冷暴力则是拒绝沟通，回避问题。

实施家暴的人有两类，一类是打完之后很难过、很后悔，甚至跪下来求对方原谅。这个可能缘于施暴者存在投射情形。投射是指孩童阶段的需求没有得到满足，没有充分地完成成长，没有完成与父母的联结，于是把这份需求投射到另外一个人的身上，我经常称其为“找爸爸”。施暴者把受暴者当作“爸爸”，爸爸该打可是我不能打，所以我打另外一个人，我把另外一个人当作“爸爸”。这种情况在心理学上叫“移情”，很容易出现在伴侣关系中。施暴者打伴侣，但打完之后很后悔，这其实是把对父母的需求投到了伴侣身上。

另一类施暴者是打完伴侣之后没有悔意，但是受暴者无论怎么被打都不肯走，一直留在施暴者的身边，这可能缘于受暴者有投射，离不开施暴者。现在很多年轻人因为爱情而结合，但实际上双方可能并没有真正的爱情，只是在对方身上找爸爸或者妈妈。比如，你认同这个人，他可以代替你爸爸，他很有力量。这种情况下的爱情或者婚姻一定不会成功，因为你很快就会发现，对方的力量并不够，他没有资格做你爸爸。

投射的过程大概有三个阶段。

第一阶段，你内心与父母的联结没有完成，你一直很需要完成它。在社交过程中你找到了一个很有力量的男人，他像你理想中的爸爸，你被他吸引了，并不自觉地做很多事吸引他过来。你和他聊天聊得很好，你们俩在很多方面有相同的兴趣爱好，对人、对事的看法也差不多，你越来越开心。假如这个男人本来就要找一个伴侣，你们可能很快就会在一起。在这个过程中，你会觉得“哇，他真是老天派来的，是我命中注定的伴侣”。

第二阶段，你们刚在一起，你认定对方是自己的白马王子，这个阶段被称为甜蜜期。但很快你就会发现，他是冒牌的。有人说甜蜜期是十八个月，这太乐观了，你们的甜蜜期短则几天，最长三个月，剩下的十几个月只是不断地找证据证明“他不可以做我爸爸”而已。两个人虽然还在一起，但是心越走越远。

第三阶段，两个人都痛苦得要命，他身上有你以前看不到的缺点，你不能接受。就算以前某些事情你们的看法很一致，但现在不知道为什么，你忽然间就不认同了，你甚至故意做些事让他发怒。

这时候，如果这位男士沟通能力、情绪管理能力比较差，往往就会产生家暴。而你不会走，你往往会做一些事，来让自己更惨，一直不断地激怒他，最后不得不走甚至被赶走，你终于可以说“不是我不要爸爸，是爸爸不要我”。

三个阶段走完，两个人都会很痛苦。事实上实施家暴的男士也会很痛苦，他真的是奔着要找一个可以结婚的伴侣的目的来相处的，但是两个人在一起就很痛苦。等到平静下来自己想一想就会有愧疚感，可是他还是不断地被激怒，忍不住要动手。

女孩子也会觉得很痛苦，会觉得自己瞎了眼，为什么会跟认识不到一个星期的人在一起，他又懒又暴力，自己还偏偏放不下他。在这种情况下，不能要的是这个男人，放不下的是心里的爸爸，她把对爸爸的需求投射到了这个人身上。

家暴是个很严重的问题。一方面体现了施暴者没有自我意识，没有要为“我”

做一些事，没有要为“我”去提升，去营造好的未来的意识；另一方面体现了施暴者缺乏有效表达的能力，不能够把内心的感觉好好表达出来。有时候双方表面好像很和谐，但内心是堵着的。如果两个年轻人都没有充分地成长，都抱着“你应该照顾我”的心态，那么在一起后怎么可能不发生冲突?

很多人错误地以为爱一个人可以拥有三个权利：第一个权利是“我爱他，我要求他也爱我”；第二个权利是“操控他”；第三个权利是“我爱他，所以他要兼顾我人生的成功、快乐，让我不开心的事他不应该做”。

爱一个人不会给你这三个权利，爱一个人给你的权利只有一个：爱他，愿意为他做些事，让他有更多的成功、快乐。就算是这样，接不接受，还是他的权利。

爱的动力背后是让对方有更多的成功、快乐，而暴力的背后是愤怒、怨或者恨。暴力跟爱是相反的，爱错了方向，才可能出现暴力。暴力的后面往往就是操控、伤害甚至毁灭。每当两性关系中出现暴力时，爱就不存在了。真正爱的话是打不出手的，允许暴力存在于两性关系里，是没有办法发展出真正成功、快乐的未来的。

任何一个有家暴情况的男士或女士，都不是其本身的问题，而是系统的问题。把自己从这份不是孩子该承担的责任里抽离出来，放下原本应由父母来承担的责任，走自己的人生路。

## 重男轻女

重男轻女在我们历史上是很普遍的一种情况。在人口需要迁移的时代，重男轻女难以避免。这个传统伴随着生命的传承一代又一代地传下去。现在我们不需要它了，不代表“不要了就可以让它走”，我们心里是放不下的，潜意识不容许我们放下。

要解决重男轻女的问题，我们必须正视重男轻女的现象。在做家族系统排列的时候，我们甚至会将“重男轻女”拟人化，并找一个学员来扮演。我们对他说：“谢谢你曾经为我们的家族系统做出的贡献，假如没有你，也许今天就没有我。可是现在时代不同了，今天男性跟女性有同样的机会，儿子可以做到的，女儿也可以做到，甚至可以做得更好。对于你曾经所做的贡献，我满怀感谢与尊敬。但是现在我已经不需要你了，你的使命已经完成了，请带着我的感谢与尊敬离开吧。”父亲、母亲都对“重男轻女”这样说，“重男轻女”就愿意转身离开了。

## 女汉子

现在社会上有很多女汉子。为什么会这样？

在传统社会里，父母对儿子总比对女儿好，可是谁愿意做那个不被足够好地对待的人呢？在孩子出生前，有些父母以为即将出生的是儿子，出生之后发现是女儿，就会有“哎呀，怎么是个女儿”“真倒霉”“要是儿子就好了”的想法，父母心里不自觉地就会否定这个女儿。这个女儿接收到的信息就是“我必须是一个男的，我必须做一个儿子，不然我没有活的权利”。

从我们的传统到生活环境，再到家庭，没有多少机会容许女性的特质得到尊重，容许女性得到爱。反过来，假如女性尝试发挥男性力量，就会得到更多的机会，那么在成长的过程中，她就会慢慢地把自己变成“男性”，或者“我不是男性，可是我看起来像男性”，用这个来证明她是有资格活的。她用男性特质来凸显力量，而否定了女性的特质。

在成长过程中，父母甚至会用“你必须有力量”这类话来教育女儿，女儿唯一能做的就是让自己变强，因为她怕失去父母的爱。在我们的传统认知中，男性更有力量，男性应该照顾女性。如果一个女性没有得到任何男人的照顾和保护，而必须自己照顾自己、保护自己时，她一定会培养出来女汉子的行为。

假如一个女汉子在婚姻情感关系里，没有保持女性特质，她与伴侣就会争着做老大。如果她的伴侣是一位“男娘子”，在两性关系里总是听伴侣的，什么都“无所谓，你说了算”的话，那么这个系统就不能有效地往前走。无论是“女汉子”还是“男娘子”，背后往往都是身份错乱，或者出现“没有找到我的位置”的深层心理现象。

处理这个问题的方法和处理重男轻女现象有一点相同，就是坚信女儿绝对可以活得跟儿子一样好。在当今的社会上做事不是用拳头的力量，而是用知识的力量、心灵的力量。女性不需要借助男性的力量或者模仿男性来生活。

## 做了父母的父母

“父母经常吵架，我能有什么办法？”“我妈妈脑子很乱的，很多事情我都要照顾她，她总是六神无主，所以我经常要告诉她应该怎么做。”……在这种情况下，我们不自觉地做了父母的父母，以为这才是爱父母。在“Z形效应”里我说过，父母在二楼，你在一楼，现在你做了父母的父母，你走到了三楼。

如何判断是否出现了这样的情况？你可以试着闭上眼睛，问问你自己：我会对父母的事指手画脚吗？假如是，你应该明白你是你父母的孩子，你必须接受你是在一楼，你没有资格在二楼，你应该从父母所在的位置退出来，退回到你自己的位置。

你待在二楼，你与你的父母三个人都不会过得好。现在你上到了三楼，就更不会有人过得好。唯一的方法，就是把父母交还给他们的父母，你的父母在你的背后，你父母的背后有他们的父母。闭上眼睛鞠躬，告诉父亲/母亲：“我没资格做你的爸/妈，所以我把你交还给你的父母，只有他们才有资格照顾你。我只能做一个孩子，只能做与孩子身份相符的事。”用这样的态度，让父母回到他们自己的位置，你转身看向自己的未来。

## 按父母的心理需求来成长

很多父母总是不自觉地按照自己的要求来培养孩子，概括来说有三点：

第一，父母很优秀，孩子最低限度要像父母一样优秀。如果按照这个标准，那么总统的孩子会很惨，因为总统的位置已经很高了，有多少总统的父亲也是总统？就算有，总统的祖父也是总统的又有多少？如果父亲不是总统都可以培养出做总统的孩子，那么我们真的不需要要求孩子一定要和父母一样。

第二，父母想做又做不到的，需要孩子帮忙完成。比如，小时候你很羡慕其他女孩子有机会去学钢琴，所以你的女儿一定要去学钢琴；你的孩子应该去学医，因为你小时候就想做医生。所有你做不到的，你的孩子都要帮你完成。

第三，父母经常说他们的要求、喜好，孩子按照父母的要求、喜好成长，成为父母最爱的人；或者父母非常恨某一个人，经常会在孩子身上找那个恨的人的行为举止，孩子因此慢慢了解到父母在自己身上寻找某种行为举止，为了满足父母的这种心理，可能就会做出相应的行为举止，进而逐渐成为父母最“恨”的人。

第三章

# 无法恋爱或踏进婚姻

无法踏进恋爱或者婚姻分为几种情况：第一，无法谈恋爱，就是心里完全不想谈恋爱，或者想谈，可就是无法开始恋爱，就算有人介绍对象都没有用；第二，可以谈恋爱，但是一谈婚论嫁人就失踪了，不敢踏入婚姻；第三，抱着豁出去的心态踏入婚姻，很快就失败了。

我认识一对恋人，两个人结婚之后一个礼拜就离婚了，周围的朋友都觉得奇怪：他俩真的想结婚吗？当一个人没有处在恋爱或者婚姻的状态时，他是没有办法恋爱或者结婚的。造成这种情况的原因有三种：心理问题、认知问题以及技能问题。我们先来谈谈原因，然后再谈如何解决。

## 心理问题

第一，父母关系欠佳给孩子恋爱、婚姻带来的心理影响。

父母关系不好，经常吵架或者打架的话，会对孩子造成很大的影响。这个影响包括“孩子把自己放在父母中间，没时间照顾自己的人生”，也包括“无法恋爱或踏进婚姻”。

父母关系不好，孩子就一定会有这样的心理状态吗？不一定。有个故事可以让你更直观地了解到父母关系不好会对孩子有怎样的影响。

一个家庭有夫妻俩及三个儿子，夫妻经常吵架，丈夫盛怒时甚至会出手打妻子。在这样的家庭环境里成长起来的三个孩子，对婚姻有三种不同的看法：一是妻子不对时就应该打；二是做女人很辛苦，将来我结婚后一定要好好疼妻子；三是婚姻是很烦恼的事，我将来独身算了。

这三种看法都是很正常的反应，每个人的经历不同，其产生的信念也会不同，并一直在变化。

父母经常争吵，孩子会感到厌烦。父母在处理冲突时没有一套有效的机制，只是不断地指责对方，根本原因是对事物的看法还不成熟，有偏差，同时在表达能力和处理问题方面欠缺技巧，加上思维模式决定判断，说不清楚，自然容易吵架。

有些孩子在父母关系不好时会偏袒其中一方，自然而然地将自己代入父母的角色，比如“爸爸不好，我来照顾妈妈”，或者“妈妈不够好，只有我才有资格照顾爸爸”，试图代替父母中的一个。解决这种问题的方法，就是孩子坚持不介入父母的事情，从父母之间退出来，退回到孩子的位置上。有些父母在离婚后，其中一方喜欢对孩子抱怨另一方的不是，或者把对对方的愤恨都发泄在孩子身上。孩子的心灵无法承受这些，进而会不愿踏入情感关系或者婚姻。

另一种情况是父母离异，妈妈或者爸爸因为离异而伤心痛苦了好几年，孩子看到之后就会非常担心、恐惧，因为孩子害怕重蹈覆辙。假如父母能够淡然面对离异，那么孩子也可以坦然面对婚姻。

还有一种情况是，现在有很多家庭，夫妻之间有冲突、矛盾，但是在孩子面前闭口不言。其实父母的情况孩子都知道，特别是小孩子，对他们来说，父母不说的就是不能谈、不能提的，可是他们心里又很担心，不知道该怎么办。这些孩子晚上睡觉都睡不好，做噩梦、磨牙、半夜哭醒等，总之就是睡得不安宁。闭口不言、躲避不是办法，只会让孩子往错误的方向去想这到底是怎么一回事。如果夫妻之间有冲突时可以好好谈，那么孩子就会明白，原来冲突是可以通过沟通来得出一个结果，或达成一个共识的。孩子学到之后，再遇到冲突时，他就会把力量用到如何解决问题上了。

父母对孩子说教是无效的，应该用身教，即通过自己的思想及行为表现出来应该怎样做。孩子能从父母的行为、父母对事情的情绪反应中学到很多。今天很多年轻人一不小心就结婚做了父母，紧接着就会出现很多问题。一个人现在的生活为什么那么糟糕，为什么他的婚姻、家庭出现了那么多的问题，要想有效地解决，就要找到他在成长的过程中发生过什么情况，找到原因，我们就知道该如何解决了。

第二，创伤性过敏带来的心理影响。

创伤性过敏指的是在成长过程中发生过一些情况没有得到妥善处理，当出现相似的状况时，当事人的反应就会非常激烈。

有一个美国的个案，一个三十多岁的单身女性，一直都非常胖，她说十几年来她尝试过各种方法，但就是没有办法成功减肥。后来，一位催眠治疗医生找出原因，发现在她读中学的时候，她的同桌，一个很漂亮的女同学，被人性侵犯了。她听到这个事情很震惊，于是产生了防御性的信念："假如我长得漂亮，我也会被性侵。"她的潜意识里有了这样的一个信念，这个信念让她没办法成功减肥。事实上她单身的真正原因并不是过胖，而是内心里"我绝对不可以"的信念。

分离也会带来创伤性过敏。很多人在成长的过程中没有学过如何跟自己心爱的人、事、物分离，甚至都没有培养出"心爱"的意识。比如，没有什么玩具是心爱的，因为天天都可以换一个；没有什么衣服是特别喜欢的，因为父母会不断地买新的。没有"心爱"的意识，就没有要跟"心爱的东西"分离的意识。这通常会造成以下几种情况：一是爱它，要在一起，不能分离，一旦分离就会非常痛苦；二是人、事、物，有聚就必会有分，需要分时欠缺有效处理分离创伤的技能；三是建立了自我保护机制，不敢深爱，以避免分离的痛苦；四是对拥有和"在一起"的感情淡薄，不会珍惜，也不愿投入，错失很多宝贵的人生经验。

很多父母在不知不觉间，已经给孩子种下未来婚姻情感关系幸福或者不幸福的种子。哭本身并不是问题，它只是一个信号，告诉父母"我内心里有东西要处理"，引起哭泣的事情才是真正的问题。哭等于工厂里机器亮起的红灯，告诉你机器出问题了，你需要修理一下，修理好再启动就可以正常运转了。如果没有修理好就启动，红灯会继续亮着。假如孩子哭泣的时候，我们只是把重点放在如何让孩子在最短时间内不哭上，那孩子根本就学不到任何东西。一有类似的情况出现，孩子还是会哭，这对他的成长根本没有任何帮助。

所以在孩子哭的时候，你需要让他明白，因为他心爱的东西不在了，他很难受，哭是因为悲伤。然后告诉他："你真的很爱这个玩具，它跟你在一起的那段时间，为你带来了很多快乐，可是现在它碎了，它离开了你。我们可以做一些事，来和它告别。"接着引导孩子用一个小盒子把碎片装起来，对着盒子里的碎片说几句话："谢谢你这段时间以来带给我的快乐，你在我心里有一个特别的位置，我会把你留在我心里。现在我知道你离开了，我还是感谢你。"假如离开的是孩子非常喜欢的宠物，带他去个地方，举行这个仪式，然后一起把宠物埋葬了，孩子就会学会懂得珍惜拥有的东西。

还有一些小孩子会因为父亲或母亲去世而一蹶不振，很多年都没有办法从痛苦中走出来，这些都是因为不懂得如何处理分离的创伤而造成的。

情感创伤也会造成创伤性过敏。如果你希望你的婚姻情感关系以后更好，你最好在每一次情感关系里都学到该学的，不然你下一次、再下一次还会重蹈覆辙。

我处理过一个个案，一个三十几岁的女性来找我做辅导，她说她觉得她的命运好像注定是不可以有幸福的情感关系，她前后有过四次事实婚姻，前面两次是结婚，后面两次是同居，但最后都是悲惨收场。我问她怎么悲惨，她说每段感情一开始都很好，但过不了多久两个人就开始吵架，甚至开始打架，每一次都会去警察局调解，实在太痛苦，最终就分开了。每当她抱着希望开始新的感情，以为情况会有所不同时，结果依然，所以她得出一个结论，她命该如此。

我跟她谈过之后，发现她成长在一个这样的家庭里：爸妈有好几个小孩，她是其中之一。她的爸爸是一个明星型的爸爸，在众人面前很威风、很潇洒，总是有一群人围着他。她的妈妈很崇拜她的爸爸，是她爸爸忠实的粉丝。在这样一个家庭里，爸爸这么有力量，孩子就会不由自主地想靠过去，但是爸爸根本没有时间照顾孩子。这几个孩子为了吸引爸爸的注意，分别采取了不同的方法。有一个孩子总是跑过去抱住爸爸，爸爸很不耐烦。另外一个看到之后就学乖了，给爸爸拿水果、拿饼干吃。而案主也找到了她的方法，就是每当爸爸让她坐好时，她就乖乖地坐好，但是过一会儿就开始乱动，爸爸看到后就会训斥她。这个时候她内心的想法是“哇，爸爸看到我了，好开心”。然后她就乖乖坐好，但是过不了几分钟又动来动去，终于爸爸不耐烦了，一巴掌打过来，她就开始哭。妈妈看到后过来哄她，告诉她“爸爸是最厉害的男人，好男人就是这样的，你看别人多么崇拜你爸爸”，于是案主的内心就有了一个信念：“什么样的男人才会吸引我？我应该用什么样的方式来吸引他？我和他在一起之后我应该怎么做，才能让他不断地关注我？”她的潜意识总是有办法让她找到像她爸爸一样的男朋友，甚至找的四个伴侣都是有暴力倾向的，这当然不是什么所谓的命中注定。

从这个个案中你就可以看到，我们每个人都是在父母的影响下成长的，父母如何对待彼此、怎么对待孩子，对我们在成长过程中形成的信念、价值观和行为准则造成了很严重的影响。

性侵的创伤很容易造成创伤性过敏，甚至造成以后再也不能有性关系，因为害怕别人知道又不愿意处理。猜臆中的性侵创伤也会造成同样的问题。我跟大家分享一个真实的案例，有一位女士，八岁的时候在老家（一个农村的小镇）看电影。那个时候因为没有钱，一群小孩子往往会混进电影院，坐在过道上。有一次，坐在她旁边的是一个中年男人，电影开始的时候那个男人把她抱起来，让她坐在他的大腿上。刚开始的时候她不以为意，过了一会儿她警觉起来，就赶紧慌张地挣扎着跑了。一口气跑回家后，她把这件事告诉了奶奶，奶奶痛骂了她一顿。这样她就受到了两次创伤，第一次创伤是电影院里的事，那个男人抱她坐在自己的大腿上，这个是创伤，不是性侵。回到家，奶奶给这件事定性——痛骂的时候，这件事就变成性侵的创伤了，这是第二次创伤。两次创伤都要处理，而且只用EP法不够。但是，从技术上分析，这是一个“伪创伤”（Pseudo）：并没有性侵的事实，而只有内心对此的认定。所以，正确的家庭教育很重要！那位女士现在已经五十多岁了，我帮她做这个个案之后，她说：“一直以来，我坐在男士旁边就会感觉非常紧张，不自觉地就会抗拒，我一直以为这是女性的矜持，直到现在我才明白，原来是那件事造成的。”

## 认知问题

第一，择偶标准带来的错误认知。

我们很多人没有好好想过到底什么是恋爱、什么是婚姻，也许我们只是看了一个爱情偶像剧、听到邻居的故事、看到自己父母的情况，于是自己总结出一套关于婚姻情感关系的信念、价值观和行为准则。也许从来没有人跟我们好好谈过这个问题，我们也没有机会去学习，所以不知道自己总结的到底是对还是错。

婚姻是什么？我们应该如何看待婚姻？在我们成长的过程中，没有多少人学过这些。我们总是活在一个理性的社会里，习惯了用标准去找对错、讲道理。标准是很精准的，比如说你交学费上课，少交十块钱都不行，可是爱可以精准计算吗？真正与人生质量有关的东西是很难量化的，比如爱与关怀，比如公平。假如你用理性来衡量这些，很难有正确的结果。

有个女孩子，在她小的时候，她的妈妈告诉她，男人最重要的是有上进心，于是她长大之后就跟一个有上进心的男人结婚了，结果发现这样的婚姻让她很痛苦。因为她的老公太有上进心了，每天都在公司忙业务、忙生意，没有时间陪她。对一段婚姻来说，对一个妻子来说，男人的上进心真的是最重要的吗？再想一想，她妈妈在告诉她择偶标准时，她妈妈的标准是错的吗？

找一个伴侣，拥有一段幸福、快乐、成功的婚姻，标准从来都不可以只有一条。不要相信别人说的话，包括你父母说的话，当你把你父母的话当作绝对的、必须遵守的标准时，你往往会发现事与愿违。

我曾在微博上看到我的好朋友心理辅导专家李子勋医生分享的一个案例。这个案例是这样的：有位女士说她儿子今年两岁，由于她的伴侣事业很忙、很少回家，有一次她的伴侣回到家，她儿子就说“爸爸不好，不要这个爸爸”。这位女士很苦恼，问李子勋该如何教育儿子。李子勋回答说：“为什么要教育孩子？他没说错啊。”事实也确实如此，这个爸爸总是忙事业很少回家，以为把事业搞好家庭就会更好，可是赚更多钱、买大车、换房子，家庭就会更好吗？

第二，缺乏母爱引起的错误身份定位。

缺乏母爱，和母亲的关系不好，爱与被爱都会有困难。你的妈妈不爱你，你就没有办法去爱你的女儿。当你跟你的妈妈没有联结好时，你内心就会有一个“我不能爱自己、不能爱别人，甚至不能接受别人的爱”的身份定位。

第三，社会价值观偏差带来的认知问题。

有些人“宁愿坐在宝马车里哭，也不坐在自行车后座笑”，有些人结婚要有“银子、房子、车子”，在我看来，这根本就是买卖。

前段时间我看到一个很可笑的新闻，不知道到底是不是真事。一个新娘要求新郎买等离子电视给她，不买就不结婚，新郎没有办法，就答应说结婚之前一定买。结婚那天新郎去接新娘，新娘发现他没有买等离子电视，就说“没有我就不嫁给你，我不下楼”，新郎好言好语说了半天都不行，于是一气之下叫上几个伴郎开车去了他前女友家里，然后就和前女友结婚了。

第四，个人限制性信念带来的认知问题。

我年轻的时候列过一个表格，上面写了20条找女朋友的标准，每一条5分。我拿着这个表格评估我身边的女孩子，看看某个女孩子有几条符合，加起来有多少分。后来我发现这一套完全没用，根本就是自己骗自己。“感觉”这个东西是没办法用标准来衡量的，不像买家具，长、宽、高、颜色都可以很具体，你去家具市场后能立刻选好，拍板决定到底要买哪套。

有位男士曾经对我说，他真的很爱他的太太，他身边的几个朋友也都附和说“是的，非常爱”。我问那位男士为什么这么爱他的太太，他一下子说了他太太的六七个优点出来。我说：“好，那我问你一个问题，现在另外一个女孩子也有这六七个优点，你爱她吗？”那位男士立刻回答说：“不爱。”我说：“你看，你爱你老婆根本就不是因为她有那六七个优点。”讲不出来的那部分才是真正的爱，讲得出来的那部分只是让别人知道，跟别人讲道理而已。我们总是习惯用理性的原因、道理来交代事情，事实上理由是用来对别人交代的，对自己只有一个，那就是感觉。

## 技能缺失

技能问题分为三类：沟通与人际关系、情绪及压力管理、思维能力。

第一类，沟通与人际关系，包括自我意识及其有效表达。没有“我”的存在，总是飘着，不觉得自己需要被照顾，很多宅男、宅女都有这方面的问题。

我认识的一位三十多岁的女士，她觉得她年龄到了，该结婚了，需要找一个人做伴，于是就跟认识的一位在银行做高管的男士在一起了。这位男士不喜欢出去应酬，一下班就回到家里待着，他对女士有一个要求就是她必须留在家里。也许你会觉得这是一个很好的男人，其实这位男士一回到家就对着电脑，两个人几乎没有什么沟通交流，女士提出要一起出去旅行，男士打死都不愿意去。对他来说，婚姻的意义就是找一个能代替他妈妈的人来照顾他的饮食起居，他也会给她钱花，但是不愿意陪伴她。如果女士要求这位男士专心陪她，他就感到不耐烦、不舒服。

我们总是认为男士一定要有力量，可是很多男士在成长过程中根本没有学过如何增加力量，他们可能连讲话都有困难（有效表达）。有了互联网之后，我们很容易就可以塑造出一个虚拟的世界，虚拟世界让没有充分成长的孩子有地方可以躲，这就是很多人沉迷网络世界的原因之一，在网上怎么说、怎么吹嘘都可以，大不了被人拆穿了就玩失踪，反正也不需要负责任。那些在现实世界里得不到的，在虚拟世界里可以得到。解决这一问题的方向就是让他在现实家庭生活里也能够像他在虚拟世界里一样，被肯定、被认同、被关注、被支持。

如何有效表达自我意识？在大商场的玩具店里，我们经常会看到孩子哭闹的场景。无论孩子的妈妈怎么哄他，怎么询问他的要求，他都不肯说话，只是一直哭，直到妈妈找到他心仪的那个玩具为止。当孩子的需求通过哭闹而得到满足，甚至他需要什么父母就给他什么时，他就不需要表达了。表达之前一定要有思想，我们的大脑关于聆听、说话有两个中心，你必须聆听得好才能够说得好。

假如孩子在哭闹的时候你去引导他表达，引导他对你说“妈妈我想要这个玩具”，然后你就买那个玩具给他，他就知道“只要我这样说，我就可以得到我想要的”。这样练习几次，他就知道他想要什么时可以怎样表达，你也就教会了他怎么表达。

第二类，情绪及压力管理，包括自我觉察、自我调整以及NLP的相关知识。对我们来说，我们是自己情绪的主人，可是社会上很多人是自己情绪的奴隶。我们处理情绪基本上就只有三招：第一招是忍，心里已经忍无可忍了，表面上还是笑着说“没事”；第二招是逃，把自己搞得很忙碌，去唱歌，去喝酒，忙得不可开交，但是一停下来火气就又上来了；第三招是爆，爆发了，然后一拳就打过去，表明“我是真性情的人”“我本来就是这个性格”。实际上，这三招都是破坏性很强的，都不会有好的效果。

第三类，思维能力，包括观察、分析、判断、解决问题的能力。这些能力是可以用一生的时间来不断学习、培养的。

我把那些与我们人生相关的最根本的东西叫人生技能。没有掌握好这些人生技能的人去谈恋爱，只能做“可怜小孩”，只能停留在“爸妈还在照顾我，我只是偷偷溜出来跟你谈恋爱”的状态，很多恋爱中的人都是这一类性格。男孩子一直在哄女孩子，不自觉地就做了女孩子的“爸爸”。你一直被哄，直到有一天你需要自己照顾自己时，你可能会发现自己已经完全没有这个能力了。没有人生技能，连自己都没办法照顾好的时候，你就更没办法看清楚出现在你面前的人究竟是一个什么样的人，到底适不适合和他走进婚姻。

## 具体有效的突破方案

针对无法恋爱或踏进婚姻的这三大类原因，以及每一类里的不同情况，如何有效解决？我研究后发现，可以从以下三个方面来进行。

第一，把自己找回来。

需要做的第一件事是把自己找回来。从小只会听别人的话，没有独立思考能力的人，当“别人”不在时，他不知道如何面对、处理自己人生里的事。所以，小时候越乖的小孩，长大之后就会越辛苦。把自己找回来，最重要的就是要有这个“我”，有了“我”，“我”才能够照顾这个“我”，“我”才觉察到“我”是存在于“我”的人生里的，“我”有身体、手、“我”的边界。“我”会尊重“我”和别人的边界，也会提醒别人尊重“我”的边界。

把自己找回来，首先需要建立自我意识，身心合一。假如你平时总是觉得有点虚、不踏实的话，你可以做一件事来帮助自己处理这种情况。伸出手按住胸口，用手掌心贴着衬衫第二颗纽扣的位置，感受手心的温度，跟这份感觉在一起。这是很简单的技巧，可以帮助我们把自己找回来。你甚至可以闭上眼睛感受那份感觉，看一看你身体有什么变化，你可以认定那份感觉就是你的潜意识，你更可以按照我说的在心里对它说：“潜意识，谢谢你。一直以来你照顾了我很多，就算在我最辛苦的时候，你都是这么用心地照顾我。很感谢你。也许以前我忽略了你，但我现在知道了，以后我会更关注你。我想继续成长，成长得更好，请你支持我，我爱你。”

有了“我”以后，接下来就是接受自己、欣赏自己、爱护自己、提升自己这四步了。你有权利选择嫁给谁，爸妈的意见你听一听就行了，因为你的决定会影响到你以后的人生，你需要为自己负责。“我的人生我必须自己照顾，我的人生不能交给别人照顾”，这个意识是经营好婚姻情感关系的最根本的要求。

“我的人生是我的，不属于任何人”，这句话很重要。关于“属于谁”这个话题，现在社会上有一种说法，就是“你是我的”，恋爱中的人更是如此。比如，几个男生在球场打球，其中一个的女朋友经过，和他们打过招呼走开之后，这个男生对另外几个男生说：“她是我的，你们不能碰。”这个逻辑就很奇怪，你们只是男女朋友而已，她怎么就变成了你的呢？一个人拥有另外一个人这个说法就很莫名其妙，这个人和你有恋爱关系或者婚姻关系，但她并不像奴隶一样是属于你的。每个人都只能是他本人的，他不属于任何人，所以“我只能，也必须对自己的人生负责任”。

过去有一个被认为是很重要的美德，就是“自己辛苦不重要，一定要为别人做事”。我们能有今天的生活，确实得益于某些人的辛苦付出，甚至是牺牲自己。这是事实，我们要带着一份尊敬、感恩的心对待他们。可是现在时代不同了，现在我们有很多机会、很多资源，我们已经不需要用这一套受苦的信念来过自己的生活。没有自己的人生，我们就只是依附在另一个人人生上的负担而已。我们必须爱自己，才有资格爱别人。

“资格”有两个来源：一是天赋的，比如我是你的爸爸/妈妈，你是我的孩子，我就有资格成为你的爸爸/妈妈；二是赚回来的，比如父亲没有好好照顾孩子，没有让孩子获得良好成长，孩子活得很糟糕，抱怨父亲，慢慢地这个父亲就失去了这个资格。更严重的，孩子触犯刑法，被判处死刑，孩子死掉了，父母也就失去了为人父母的资格。

第二，消除心理困扰。

心理困扰有以下几类情况：第一类是信念、价值观造成的，信念是“事情应该怎么样”，价值观是“这件事情里最重要的是什么”，也就是你最在乎、最想拿到的是什么，这个随时都会有，比如看完这本书，你对婚姻、对伴侣、对你应该为伴侣做什么、伴侣能够为你做什么有了更清晰的理解；第二类就是创伤造成的心理问题，自己去学一些简快身心积极疗法的技巧也许就可以解决；第三类是系统性的问题，这类问题需要心理治疗，或者做家族系统排列。

与父母的关系也会造成心理困扰。其一，父母能够照顾他们自己；其二，你只做孩子，把孩子的角色做好，活得成功、快乐；其三，照顾好你的孩子，让你的孩子有最好的成长，同时做很多好事让你的父母以你为荣。做到这三点就已经够了，你的父母就不需要为你担心了，可以去处理他们之间的事。假如你去干预父母的事，那你们三个人都不会好过。你要想做得好，内心必须抱着“父母是二楼，我是一楼，我只能做一楼的事”的态度。

有人曾问我：“我妈妈总是在我面前抱怨我爸爸如何不好，我该怎么办？”我告诉他：“每次你妈妈来抱怨的时候，你就告诉她，‘妈妈，你抱怨的那个人是我爸爸，我只是孩子，我只能做孩子能做的事。既然你有这么多的不满，你就跟他说吧’。假如妈妈说‘我说的话他不听’，那你可以告诉她：‘妈妈，你是我爸爸的妻子，你说的话他都不听，而我只是一个孩子，我说的话他不仅不会听，没准还会一巴掌打过来，所以我帮不了你。’”孩子需要有不干预的态度，坚持你“只是一个孩子”，坚持站在你的位置。

分了手但感情上放不下往往也会造成心理困扰，对此的处理方式之一就是把投射收回，在前面的章节里我已经详细介绍了如何把投射收回。另一个处理方式是“付出与收取的平衡”，就是说已经结束了关系，但其中也许还有付出与收取的不平衡。

还有一类心理困扰是自我否定。在成长的过程中觉得自己不够好，很容易习惯性地进行自我否定。这里有两句话很管用——“我不完美，但我每天都可以更好”“我的人生我在乎”。这两句话是有治疗作用的，你可以每天早上起来对着镜子，看着自己的眼睛大声说出来。没有人是完美的，我们就是因为力量不足，不愿意承认自己不完美，所以要硬撑。当你接受自己的不完美时，你就不需要硬撑了，把那个假的、不存在的力量卸下来，做真实的自己，你就没有那么累了。同时，“我每天都可以更好”也是事实，如果你愿意，每天、每件事都可以让自己学到新东西，让自己有所提升。这句话同时已经明显地包含了一个意义：我能让自己更好，让自己拥有更大的动力、更强的能力。“我的人生我在乎”，就是说不要骗自己有人会在乎你的人生，无论他怎么说，你都无须去怀疑它是真的还是假的，因为真真正正在乎你的只有你自己，你是唯一不能离开你人生的人。全世界的人都不在了，你还有你自己。所以，你要在乎你的人生。

第三，恋爱或踏进婚姻的“六步突破方案”。

假如你一直没办法进入婚姻，或者无法谈恋爱，或者恋爱谈到谈婚论嫁的时候就开溜，不妨试试“六步突破方案”。

第一步，为自己做一个SWOT测试。SWOT测试是企业管理里经常使用的工具，分为强、弱、机会、危机四个方格。强（S）就是“我的优势、我的优点”；弱（W）就是“我的弱点”。问问自己：“因为我有这些优点、弱点，所以我会有一些什么样的机会（O），同时我又会遇到什么危机（T）？”

有空时列这样一份“SWOT”清单（如表1所示），不要赶时间，找一个安静的地方，好好地花半天时间，坐下来想一想，想到什么就写什么。一周后再回来看看这份清单，看一看哪些需要添加、删减。过一段时间再看一次。我们在不同的时间会觉察到自己不同的东西，所以有可能两周前你没想起来的，现在又想到了。这样三次之后，你已经列了一份完整的清单，逐个给每项打分，从1分到5分，程度很高的打5分，程度很低的打1分，打完分之后统计你的“强”“弱”“机会”“危机”分别有多少分。这个过程能把非常感性的、不清晰的东西变成可以量化的、理性的东西，并不是绝对准确，只是给你指引一个方向，让你知道接下来该怎么做。

表1　SWOT测试

| | |
|---|---|
| 强 | 弱 |
| 机会 | 危机 |

列清单的时候，你不需要问任何人，或加上任何一点其他人的意见，否则你就是为别人的标准而活了。你自己的事根本不需要问别人，别人也不能替你承担。

清单列好之后，告诉自己不要着急，既然你想拥有一次真正好的、成功的婚姻情感关系，就给自己一些时间，比如几个月，一步一步地来，而不是“我一定要找到一个对象，一个月之内结婚”。

第二步，完全忘掉你列过的清单，想想十年后你想成为怎样的人。你可以问问你自己：十年之后我希望有怎么样的人生？我希望未来十年有伴侣在身边吗？

人做什么事都需要一个方向，都要有自己的人生目标。给自己定一个十年愿景，你就有了目标。有了目标之后，每天做什么事你就有了一定的方向。当你有了一定的方向，你做的每一件事都可以有一定的目的性。

第三步，做一个人生规划。以你现在的“强”“弱”“机会”“危机”，你要如何规划自己，才能在十年后成为你希望的样子？当你有了人生方向，你要实现某个目标时，你就会知道什么样的伴侣最适合你，你就会有一些选择性的要求了。

第四步，想一想，你要具备什么样的条件才能吸引到这样的伴侣？

第五步，你要怎么做，能让自己具备那些条件？

第六步，在什么地方，在什么环境里，最有可能能碰到这样的对象？

这些技巧都是非常具体的、可以实施的，是一些易学、易用且快速有效的技巧。

第四章

# 如何谈恋爱

我们在成长的过程中很少有机会去学习如何好好谈恋爱。年轻的时候，大部分人对恋爱都有一份憧憬、渴望，觉得恋爱是快乐的、幸福的。可是我们没有花时间去学习应该怎么做，所以在真正恋爱之后就会发现和想象中的有很大差别，因而觉得恋爱是一件很辛苦的事。

那么，到底该如何谈恋爱呢?

## 恋爱的正确定位

我们接受生命是为系统服务，我们的责任是传承生命。生命的传承分为三个阶段：恋爱、结婚、成家；新生命诞生；帮助孩子培养出照顾其本人人生的能力。我们把这三个阶段细分下来就是：社交（认识一个异性朋友）→恋爱（试试看在一起行不行）→结婚（如果合适的话就结婚）→组织家庭→生孩子→帮助孩子很好地成长。由此可见，恋爱是生命传承的必然一步。

每一代孩子，包括我们自己，年轻的时候都要走这条路。所以，有时当我们为了很多冠冕堂皇的理由而不容许孩子谈恋爱时，我们就是妨碍了他履行人生责任。

对个人来说，婚姻的意义有三点：一是组建家庭，给新生命一个最好的成长空间；二是在人生路上有个陪伴同行的伴侣；三是拥有心灵的最后港湾。

为系统做好传承工作，本人有伴前行，人生成功快乐，因而充满希望。

## 95%的早恋不是恋爱

很多家长说，孩子的责任是学习，不应该谈恋爱。这句话绝对是对的，只不过不会有效果。假如你的小孩现在十几岁，他很有可能有恋爱的烦恼，只是不敢让你知道。在这件事情上讲道理，你讲的他根本听不进去。因为谈恋爱根本就是内心（感性）的事，而道理是理性的事，内心的操控力量更大，只靠理性处理很难奏效。

很多朋友问我关于早恋的问题，我首先会反问："什么是早恋？多早才是早？""怎么才算恋，你能给出一个界定标准吗？"大部分人回答不上来。爱的感觉出现的时候是没有标准的，但是把这种感觉定义为恋爱，我认为有点武断了。父母因为怕孩子受伤，所以一看到不是同性别的人在孩子身边就认为是恋爱。很多时候孩子本来没有恋爱，家长一逼问、吵闹，加之"高压"措施，反倒促成他恋爱了。因为周围人都给他们压力，整个世界都跟他们对抗，所以他们就会团结起来，一起背靠背对抗全世界。

在孩子成长的过程中，八九岁之前是一个学习的过程，父母去哪里，他们就跟着去哪里。只要父母牵着他们的手，他们不在乎去哪里，而总是把注意力集中在沿途的东西上，抱着好奇的态度来观察这个世界是怎么回事，世界的人、事、物是什么样的；从八九岁开始到十三岁左右，他们在心理上开始学着推开父母的手，自己往前走；十四岁之后，他们开始推开父母，准备尝试活自己的人生。十三四岁之后，孩子要找出最适合他们的角色，开始尝试戴上"面具"，也许这周模仿这个明星，下周又模仿另外一个人，看那些"面具"适不适合自己。成年之后，他们开始真正走进自己的人生。

从八九岁到十三四岁是所有叛逆与代沟出现的年龄段。以前小孩乖乖听话，父母很享受"我说他听"这个模式，现在孩子不愿意听话了，父母就觉得不爽，强迫他听话，于是就有了代沟。从"你说我不听"到"你说这样做，我一定有另外一套做法"，再到"你不要问我，我照顾我自己的人生"。父母不明白这些，只是觉得“我有道理，所以你应该这样做”，往往就是为了应该做而做，不是为了有效果而做；为了应该讲而讲，不是为了有效果而讲。很多沟通问题、人际关系问题，特别是亲子关系问题，包括两性关系问题，都是来自“我觉得我应该做”，甚至“我觉得这样是为了你好，所以我就做了”，而不是为了效果而做。伤害最大的两句话就是“我这样做是对的”“我这样做是为了你好”。做父母真的不容易啊！

我给你一个建议，只要你觉得对你重要的关系，从两性关系到对你重要的人、你在乎的人，永远不要说这两句话。永远不要这样做，因为没有效果。假如你是正确的，为什么他不明白？所以，不要因为对而做，不要为了他好而做，要为了效果而做。

## 恋爱是一个尝试的过程

恋爱是一个尝试的过程，是找一个人的过程，不是“找到一个人”，而是“我要准备去找一个人”。

有一个小故事分享给大家。一个很乖、很听话的女孩，她的妈妈一直对她说：“女儿，学习最重要，你好好学习，将来去念大学，现在什么都不要管，也不要谈恋爱，恋爱是很妨碍学习的。”所以这个女孩一直乖乖地学习，二十八岁的时候拿了两个硕士学位，还要再继续学。这时她妈妈突然听到很多新闻说，二十八岁以上高学历的女性很难找对象，社会上剩女越来越多。于是这位妈妈就慌了，两天没睡好觉，第三天就打电话和那个女孩说：“女儿，你快点找一个人谈恋爱、结婚，不然你就超龄了。”假如你是这个女儿，二十八年间你的父母都告诉你不要谈恋爱，现在突然让你快点找个人谈恋爱、结婚，你该怎么办？

坦白地说，跟一个适合自己的人一拍即合，走过一生，真可谓是奇迹中的奇迹。现在这个妈妈让女儿找一个差不多的人结婚就行了，那结婚之后不幸福怎么办呢？就算结婚的时候很好、很合适，但人也是一个系统，从身体状态到心理状态再到思想状态，是在不间断地发生变化的，两人十年、二十年之后还会合适吗？

恋爱是一个开始，而不是一个终点。它是一个过程，而这个过程是需要学习的。现在没有专门的学校、专门的课程来教这些，我们要一边探索一边学，也许试过几次之后才可以学会。所以，第一次恋爱就成功那是可遇而不可求的事。

## 恋人必以朋友为基础

谈恋爱必须以友谊为基础，两人连朋友都做不成，又何谈成为好的伴侣。在人际关系中，朋友关系是平等的、互相尊重的、有界限的。在人际关系里，一个人如果连最基本的礼貌都没有，那谁愿意和他做朋友？

“接受、尊重、爱”，人际关系的基础是我接受他的存在。接受他的存在不代表我要听他的，而是我容许他有存在的空间，我容许他可以有跟我不一样的立场或者看法。再高一层是我尊重他，但是跟他要保持一个合理的距离，因为我们彼此是有界限的。接受、尊重、爱，是人与人能够发展成朋友、伴侣的基本条件，假如两个人对彼此没有尊重却还要结婚，其结果可想而知。

所以，谈恋爱的时候，你要找什么样的人，最为关键的就是可不可以跟这个人做朋友。如果彼此间没有尊重，是不能也不应该走下去的。

## 恋爱是两个人的游戏

恋爱是两个人的事，假如有不止一个恋人，那是心理有问题，不是恋爱。

很多内心力量不够的男士会同时有好几个女朋友，或者随时换女朋友，每个女朋友可能都很漂亮，这是他在拼命炫耀给他的同辈看，为了证明自己有力量。女士也是如此，频繁换男朋友也是为了炫耀，证明自己有力量。在这种情况下，这类男士或女士会拥有平等的情感关系吗？不会，男/女朋友只是他们的一个工具，可以让他们看起来很威风。

## 爱不会增加一个人的力量

有人说“爱给我很大的力量”。错，大错特错。爱不会增加你的力量，只会激发你原本就拥有的力量。爱是绝对的、没有条件的、没有限制的。“你不这样做，我就不爱你了”，这不是爱，而是以爱之名行操控之实。企图操控别人的“爱”，并不是真正的爱。爱让你变得勇敢，让你愿意在对方身上花费更多的心血、精力，你会惊讶地发现，原来你有这么多你以前不知道的力量。

爱一个人并不会给你“要求他也爱你”“让他照顾你的人生”“操控他”这三个权利。爱一个人只会给你一个权利，就是去为他做一点事。因此，爱并不会增加你的力量，而只会让你愿意耗用你的力量。让你愿意耗用力量的，才是真正的爱。

## 能有效生活、共创未来的才是伴侣

在两个人的关系中，平等、尊重的是朋友；有共同空间、相处融洽的是恋人；能有效生活、共创未来的才是伴侣。有人问我：到底是找性格、喜好一致的伴侣会幸福，还是找性格、喜好互补的伴侣会幸福？这个问题没有标准答案，两个都可能很幸福，也都可能不幸福，关键因素并不在于性格、喜好一致，也不在于性格、喜好互补。

我举个例子来说明。我有两个学员，谈恋爱谈了很久都不敢结婚，因为他们觉得他俩性格不一样。可是两个人越谈下去越爱对方，很愿意做些事来让自己显得有所不同。他们在结婚之前来问我这个问题，我告诉他们，婚姻成不成功不在于两个人性格一样或不一样，而在于其他因素。后来他们就决定结婚了。两个人都很小心，很珍惜这个缘分，他们约好一两个月就坐下来谈一谈，从生活中抽离出来，看看过去那一两个月他们的感情是变好了还是变坏了，有没有什么事给他们的关系带来了压力。他们愿意通过这样的抽离来审视两人的关系。

婚后第一年他们的关系非常好，第二年走到一半的时候，有一次抽离之后，他们发现“最近我们好像有一点不自觉地疏离对方”。他们按照事先约定好的方式商量该怎么办。两个人爱好不同，妻子比较文静，喜欢看看书、写写东西，丈夫则很喜欢研究蝴蝶，周末就跑到山里去，拿着捕蝴蝶的网跑来跑去。于是他们就想到一个办法，写一本关于蝴蝶的书。妻子写书，丈夫去找各种蝴蝶，这样两个人就找到共同要做的事情了。这一周妻子跟丈夫去山里研究蝴蝶，下一周丈夫在家里帮助妻子把研究资料整理出来，一年半之后这本书就出版了。

你看，是性格一致好还是性格互补好并没有定论，关键在于两个人愿不愿意经营彼此的关系，愿不愿意为了对方调整自己。要求两个人必须一致或者必须互补都有限制性，如果不一致你就绝对不谈恋爱，那你或许会失去很多很好的机会，也许你的白马王子刚好就是你一开始最不愿意接受的那个人。

## 心智还在孩子阶段的人没资格谈恋爱

虽说心智还在孩子阶段的人没资格谈恋爱，可是现在很多人的心理年龄没有充分地成年、成熟，那就没办法找到对象了吗？其实不用担心。首先，最低限度心理年龄要过了九岁到十三岁这个阶段，因为这个阶段是最糟糕的。其次，虽然没有充分地成熟，内心还有一个“小孩”，但只要“我”足够成熟，能照顾这个“小孩”就可以了。我们的内心有很多个“我”，有成年、成熟、可以管理好自己人生的“我”，也有还是小孩的“我”。如果小孩的“我”太高大，拖住了成年人，该怎么办呢？所以，必须有一个足够成熟的“我”来照顾小孩的“我”。

两个足够成熟的成年人，即使有时候对方小孩的“我”跑出来，另一个人仍然可以用自己成年人的“我”来面对他、保护他，用自己小孩的“我”来陪他，让他完成这个成长。比如，每当对方出现“我的领导今天骂了我，我觉得很委屈”的情绪时，她就处于小孩的“我”的状态，你要懂得如何处理这种情况，让她在你提供的空间里感到安全，以便她能够好好面对并处理这种情况。在这种相互扶持下，两个人可以一起一点一点地共同成长。所以，偶尔做做小孩是没问题的，在大事上做个成年人就可以了。

## 健康的恋爱关系

### 健康的恋爱关系需要具备一些重要的前提条件

第一，恋爱双方一定要有足够的自爱、自尊。自尊就是我尊重我自己，当我能够尊重我自己时，我才能尊重别人，才能够换取别人对我的尊重。我需要足够的自爱才能够培养出足够的自尊，所以要自尊首先得爱自己。

第二，懂得尊重界限，不勉强本人及他人。爱自己的其中一个点，就是必须尊重自己的界限，不勉强自己去做超越自己能力的事，在没有得到邀请之前，不跨越别人的界限。

两个人在一起的时候，特别关心你的人总是在说“你应该怎样怎样”，并且强迫你要接受，你不接受他就会很委屈，就会生气。就好像绑着根绳子牵着你走一样，让你左拐就左拐，让你右拐就右拐，这样你还有自我吗？我最喜欢说的一句话就是“我能够照顾我的人生，谢谢你”，提醒他，这是你的事。

第三，恋爱双方需要具备十五项基本能力。这里附上十五项基本能力的完整版本：

1. 建立自我意识。

1）“自我意识”是心中有“我”的概念。小时候，我们往往被引导着跟其他孩子比较，于是产生了“我”不如别人的信念。因此，“我”也不想要这个“我”。

2）我们也会被引导着“要乖，要听话”，如此我们就忽略了自我思考的必要性。

3）很多家长喜欢用否定、批评、指责，甚至犯罪感、羞愧感来引导孩子，导致孩子在成长过程中产生不想要里面这个“我”的动力。

4）没有这个“我”，我们就无从管理照顾自己，也没有改变、提升“我”的意识与动力。

5）没有这个“我”，我们就不能爱自己，也不能对自己负责。

2. 说话达意。

1）说话达意就是有效表达内心的思想意念、情绪感受和行为意欲。

2）很多家长习惯用指令训导、批判甚至责骂的方式跟孩子沟通，这些方式让孩子不愿意说话。

3）今天的孩子，在每天的生活里，接触屏幕往往比接触人多，他们看电视、看iPad、看手机、看电脑的时间很长，因此没有足够的机会发展出说话达意的能力。这样的人，当事情进展顺利时便不容易产生情绪，但他的内心却时常会变得纠结，因而更难表达自己，造成“性格内向”的情况。

4）这种性格内向的人容易出现以下问题：人际关系弱、自闭、宅男（女）、忧郁、人格障碍。

3. 与感觉在一起。

1）应付生活里的一般事物，我们需要用上意识与潜意识的力量。意识是我们可以觉察的部分，潜意识的力量比意识大得多，却不是我们能够轻易觉察的。

2）意识的力量通过我们的理性思维表现出来，目的是让我们更有效地处理生活里的每件事，以及在当下所处的情况里与其他人、事、物的关系。

3）潜意识一般情况下用感觉来跟我们沟通。潜意识的能力是如此庞大，所以当我们接受它，懂得有效地配合它时，我们整个人的能力才能得到充分发挥。这需要我们跟潜意识在一起。

4）理性思维固然重要，可是生活的意义更在于感受。没有跟感觉在一起的人，只凭道理做事，往往只能事倍功半。

5）在成长过程中，我们很早就被引导着跟感觉分离，而只活在理性思维的环境里。这样的人遇到一点点事情就纠结、难受，却说不清楚也解不开，所以会活得很累。

4. 理性、感性并重。

1）“理性、感性并重”，也就是一般人说的身心合一。理性照顾“我”这个人（身体），感性去照顾“我”这个心。

2）感性也就是负责情绪感受的部分。每一种情绪都有它的意义，明白其中的意义，我们才能更有效地引导自己做出改变，让自己有更好的未来。

3）当理性与感性没有联手的时候，便是内心有矛盾与冲突的时候：“我”应该去做，可是“我”就没有那份感觉推动自己去做。

5. 多线思维。

1）多线思维就是一般人说的“从多个角度看事情”。

2）在孩子成长的过程中，家里让他听话，学校里给他标准答案，这些让孩子发展出单线思维。

3）单线思维就是凡事只有一招，这样的人很容易陷入困境。两招也是困境（停下来不做就是第二招），这就是我们说的左右两难、进退维谷的情况。要突破就必须有三个或三个以上的选择。

4）有多个选择就代表有多种能力，越多越好，这就是解决困难的能力。

5）多线思维能够激发潜能，提升创造力。

6. 从别人的角度看自己。

1）自以为是、目中无人的人，就是缺乏“从别人的角度看自己”的能力。

2）“从别人的角度看自己”的能力是我们人类独有的。这就是意识思维的作用：“我”在看，同时“我”知道我在看。

3）自从人类发展出这种能力，人类的发展就快速提升了，从而今天成为世界的主人。

4）缺乏“从别人的角度看自己”的人，可以说是退化到了动物的思维水平。

5）“从别人的角度看自己”的先决条件是建立自我意识（第一项能力）。有“我”（独立的我）的意识才能注意到别人，然后才能从别人的角度看自己。

7. 解决困难的能力。

1）今天的社会，从家庭到学校、到职场、到社会，当事情进展不顺利的时候，我们普遍发现很多人都欠缺解决困难、改变情况的能力。

2）听话才是乖孩子、追求标准答案、单线思维等造成了今天很多人欠缺解决困难的能力，再加上缺乏自我意识，很多人觉得需要别人来照顾自己。

3）我们遇到问题，第一个念头是去问谁，或者是去哪里找答案，而不想自己如何能解决它，这都是上述原因造成的。

8. 面对及处理冲突的能力。

1）我们的传统文化崇尚“以和为贵”，甚至不惜用任何代价来维持和谐。但往往这份和谐只是表面的，让这个人处于被操控的状态。

2）当我们没有自我意识时，便不会意识到自己的界限，也因此忽略了别人的界限。当我们没有尊重别人的界限时，冲突很容易就发生了。

3）当我们只有单线思维的能力，同时不能接受事情的结果时，我们会重复使用已经被证明无效的方法，冲突也容易出现。

4）当我们没有很好地跟自己的感性部分在一起时，事情不顺利，产生的情绪又不能有效解读它的意义，冲突也很容易出现。

5）欠缺说话达意的能力，往往没事变有事，小事变大事，冲突就更容易出现了。

6）欠缺“从别人的角度看自己”的能力，我们就没有办法做到将心比心、同理心等。

7）“以和为贵”是很多家长坚持的信念，在它之下，孩子没有学过在冲突面前如何处理人和事。

9. 对失败及挫折的正确态度。

1）很多家长望子成龙，孩子拿到98分了，还在责备他没有拿到另外那2分。这种否定多、肯定少的教导模式，让孩子不能承受任何失败及挫折。

2）任何人从不懂到掌握许多知识、技能，都需要一个学习的过程，但在其间我们可能会遭遇很多失败。人生的事，总不能事事如意，偶有不顺己意，我们也很容易把它看作是挫折。

3）害怕失败与挫折的人不敢尝试，固守原地，慢慢落后于同辈，这将造成人生最大的失败。

4）害怕失败同时要自己继续做下去，过程中的压力就会很大，就进一步影响能力的发挥和学习的效果。

5）因为失败及挫折造成了心理创伤，人就会越来越退缩，这样的人会怕事、不敢担当、不负责任、逃避、内心充满无力感和自责。

10. 面对分离的正确态度与能力。

1）我们传统文化喜欢“报喜不报忧”，这种趋吉避凶的态度让我们没有学到如何面对和处理分离的事件。在面对一些人生里不可避免的“分离事件”时，我们常常会感到束手无策。

2）这种分离包括亲友的死亡、与伴侣分手、事业的结束或失败等。

3）分离是人生里不可避免的事。既然分离不可避免，如果没有培养出正确有效的思维模式与应对行为技巧，不能有效面对分离，那么其身心都很容易受到很大的伤害。

11. 对金钱的正确态度。

1）金钱已经是现代社会绝对必须存在的事物，跟“以物易物”的古老社会生活模式相比，金钱的出现大大增加了生活的便利，是社会进化繁荣的表现。

2）“钱不是万能的，没有钱是万万不能的。”这句话充分显现出钱对我们每个人的人生是何等重要。

3）有些人厌恶金钱却受它的气，有些人热爱金钱却成为它的奴隶。两个极端，都不够好。

4）我们自己需要学习，同时也应该教导孩子以正确的态度对待金钱。

12. 感恩的心。

1）在今天的社会里，父母不可能帮助孩子在成长过程中做到心理年龄跟生理年龄同步成长。

2）即使一个人踏入社会参加工作，甚至建立了家庭，如果内心还没有充分成长，就没办法培养出感恩的心态。

3）“恩”是“没有权利得到而得到的东西”。除了父母，没有人是必须给你什么的。

4）感恩的反义词是委屈。当小孩感觉到父母没有给他应该得到的，他就会产生委屈的情绪。所以，小孩没有感恩的心态，而成年人不应该有委屈的情绪。缺乏感恩心态的人，在人生的每个方面都会活得很辛苦，特别是在人际关系上，甚至是在亲密关系上。

13. 对事物的观察与正确判断。

1）缺乏这种能力的人，做事草率、仓促，往往没有效果。当然，他们的人际关系及事业和与亲人的相处都会出现困难：劳心、劳力而效果欠佳。

2）上述十二项能力，与这种能力有一定的关联，特别是第一至第五项能力，是这种能力的基础。

14. 了解本人的学习模式（含学习兴趣）。

1）学习并不是只限于在学校课堂上进行，而是随时随地的。

2）传统教育以及当今的教育都强调知识的掌握，可是在如何有效学习、让学习的效果提升这方面，却很少有人研究。如何学习才能让自己有浓厚的兴趣，更积极、更愿意、更主动地重复学习，也是被忽略的事情。

3）这方面没有做好，人生的每件事都会用同一个模式处理，慢慢便落后了，于是事事艰难，个人的整体素质难以有效提升。物质生活与精神生活亦然。

4）如果了解本人的学习模式，我们便可以在每件事中吸取教训、学习提升了，我们在能力上便能与时俱进，驾驭变革。

15. 有效生活在系统里的正确态度。

1）人不能脱离世界上的人、事、物而生存。社会是人的系统，在系统里，如何更有效地生活是一个很重要的命题。

2）在当今社会中，有些人难免崇尚物质生活，追求财富权势。可是，物质生活富足的人不见得就有轻松、快乐的人生。

3）要有效地生活在系统里，我们必须让别人接受、尊重我们。做到这一点，做事就会比较顺利，生活也可以更轻松、满足。

第四，恋爱双方在一起是彼此分享，不存在彼此亏欠。有一次，我转发了海蓝博士的一条微博，她说："亲爱的，在你没有照顾好自己之前，千万别来为我做任何事情，因为你会把一切的期待和愿望加在我身上，而我会在被动中成为负债的人。"

在这样的关系里，一方觉得很委屈，另一方觉得很亏欠。你很努力，可是你就是没办法让他开心一点，对方却觉得为什么你总是给他他不要的东西。两个人都很辛苦，终于无法维持下去，不得不在痛苦中分开。

我认为健康、良好的恋爱状态有四个标准：

其一，恋爱过程充满愉悦，让人轻松。两个人在一起，没有紧张与压力，没有那些"真的没办法"的事，没有那些负面的情绪，就是愉悦，想起对方来就很开心。

其二，不断探索新的共同语言及爱好。

其三，不断交流各自的想法，在这个过程中找出两个人可以连接上的点，并以此为荣、以此为乐。有些女士在恋爱里想保持一种神秘感，让对方猜不到自己在想什么，这个不是恋爱。在两个人的游戏里，他一来找你你就躲，等你躲到他觉得够了，不再来找你了，你要怎么办呢？

其四，不断创造新的生活体验，让好奇心支持两人去尝试不同的事物，由此产生共鸣及新的快乐。保持一份好奇心，愿意不断地去寻找共同的新乐趣。比如，你最近发现杭州有一条马路很漂亮，你从来没有去过，对方也没有去过，于是你们就一起去看一看。这是健康恋爱的态度，其中所代表的是“我们能够走下去，是因为我们两个人的动力方向有很多是朝着对方靠拢的”。

单相思、暗恋不是恋爱，因为恋爱不是也不能是一个人能干的活儿！恋爱是两个人的事。追求不是恋爱，还没追到手就是还没开始，那些“说好了他是我的，其他人不准碰”的是一厢情愿的小霸王式表达。

交异性朋友不是恋爱，朋友是朋友，恋爱是恋爱；一起工作、谈得来的两人不是恋爱，只是谈得来的同事；在脆弱状态下得到照顾不是恋爱，比如你刚刚结束了一段情感关系，或者你刚刚遭遇了一些挫折，你内心很脆弱、很难受，这时出现了一个人，愿意照顾你，你感觉特别舒服，但这并不是恋爱。只要不是在对等状态下展开的都不是恋爱，你最好不要骗自己那是恋爱，否则你顶多只是找到一个“爸爸”。

身心不在良好的状态的时候，不要谈恋爱，应该只做朋友。因为这个状态让你有被照顾的需要，很容易让人产生同情，而恋爱应该在平等、对等的情况下开始才有牢固的基础。这对彼此才是最公平的，对自己未来的人生也是最负责任的。很多恋爱后来之所以失败，就是因为一开始是在不对等的情况下展开的。

## 恋爱应该是没有压力的

恋爱应该是没有压力的，压力总是来自不尊重本人的界限，或者不尊重别人的界限。强迫自己做一些自己不愿意做的事，或者强迫对方做一些他不愿意做的事，会引起对方反抗，并给对方带来压力。

不尊重自己的界限，就是不够爱自己的表现。一个人充分爱自己，就会尊重自己的界限，就会提醒别人“你需要尊重我的界限”。一个尊重界限的人，不会勉强自己去做知道不该做的事，不会勉强自己去做内心感觉不充分支持的事，不会做超越本人能力的事，不会做让别人减少对自己尊重的事，不会做本人未来要付出重大代价的事，不会做伤害本人身心的事。

不尊重对方的界限，就是想操控对方。比如把对方当作自己拥有的物件；比如要对方按你的意愿做事，尽管对方不愿意；比如限制对方怎么想、怎么说、怎么做；比如不容许对方有不同的看法，一有不同意见你就生气，那么对方可能阳奉阴违，形成虚伪的、虚假的关系；比如把对方放在你的下面，位置比你低，而不是跟你平等；比如辱骂甚至打对方；等等。这些都是不尊重对方界限的表现。有操控就必然有反操控，两个人的精力消耗、浪费在这上面，必然会很累。

## 有操控与被操控的恋爱一定会失败

在婚恋关系里，我们很容易认为不操控对方，两人就不能成功地一直走下去，所以一定要操控对方，一定要对方按自己的意思去做。特别是当其中一方觉得自己是有力量的那一方时，就会要求对方一定要听自己的。一旦其中一方产生操控两个人人生轨迹的想法，两个人的关系就可能会出现问题。婚恋关系是一个对等的关系，没有人愿意被另外一个人操控，所以操控在很大概率上会让两个人的关系走向失败，至少会让两个人都会很累。

## 恋爱不应该让人产生害怕的感觉

恋爱不应该让人产生害怕的感觉，在恋爱中产生任何害怕的感觉主要有两个原因：一是成长过程中创伤的投射，比如我害怕失去，因为在我小的时候，照顾了我很久的保姆走了，我很痛苦，现在我害怕我爱的人也许有一天也会走；二是不尊重界限，比如我认为我有权利拥有他，他是属于我的，我害怕失去我拥有的东西。可是你本来就不能拥有另外一个人，超过这个限度的都是过分、非分的想法，只会带来问题。在婚恋关系里，一个人决定要走，全世界都留不住他。如果你觉得你有能力留住他，让他可以不走，那么最终你可能只会感到失望、无力与挫败。

如果你真心希望你的婚姻情感成功，你需要改变你的态度。用“你本来就不属于我”的态度，来加倍地做一些事。有一首歌叫《把悲伤留给自己》，里面有一句歌词是“能不能让我陪着你走，既然你说留不住你”。如歌词中所写的，如果你愿意这样做，你才有可能把他留下来。如果两个人都愿意这样做的话，两个人之间的紧张、压力会少很多，甚至会消失，而快乐、轻松、和谐会多很多。

没有尊重的恋爱都是应该中止的恋爱。有人说这句话太绝对，我告诉你，不绝对，如果你不听我这句话，坚持下去，这段恋爱迟早还是会结束，只是那个时候你会更痛苦。当然，人都是不愿意改变的，因为改变带来陌生，所以一直要到够痛的时候才会去寻求改变，等到你够痛的时候，就会发现我这句话是对的。假如你身边有在恋爱里痛过的朋友，你可以问一问他们是不是这样，他们在走出来之后往往会说：“这几年真辛苦，我早就应该注意到，对我没有那份应该有的尊重的伴侣，迟早都是要分开的。”

## 你爱的是对方这个人，还是你内心的照片

我年轻的时候列过一个清单，按照清单去找女朋友，逐条打分，以为这样很科学，后来发现根本没用。我们没有真正学过该如何找恋人、找伴侣，可能只是通过电视剧、小说、报纸，或者跟同学、朋友聊天来获取经验并得出结论，觉得最适合自己的人应该是一个什么样的人，然后就按照这个标准去找，发现合适的就追过去，那你到底是爱对方这个人，还是爱那些标准？问一问你自己，在恋爱关系中，你爱的是对方这个人，还是你内心的那张照片？

这两者有很大不同。爱对方这个人，你每天都能发现他有一些新的优点；爱自己内心的照片，你每天都会发现他有一些缺点。你用照片做标准，就算你找到了百分之百契合的人，但是随着岁月的流逝，人天天都在改变，而照片并不会改变，顶多发黄而已。如此时间一长，你就会发现对方和以前不一样了，然后就指责对方“你以前不是这样的，为什么你会变成这个样子，是你不对”。

我们没有学过该如何去寻找恋人、伴侣，每个人一开始差不多都是按照内心的照片去找的。不过，在你明白了这些道理，放下心里的照片之后，你就会注意这个人本身，然后慢慢发现原来他有很多优点。这样你就可以比较轻易地转变过来，两个人的关系也会越来越好。事实上，除了一些极端的、所谓罪大恶极的缺点，对方身上绝大部分的缺点因为产生的意义不一样，到后面你会发现反而可能是优点。

## 结婚对象的三大致命缺点

第一，“我就是这样的”。你一定听过类似的话，“我就是这样的，大不了分手”“我就是这样的，大不了换一个”“我就是这样的，大不了什么都不要”“我就是这样的，大不了死掉”……碰到这种人，就算你不断地跟在他后面收拾乱局、残局，到最后不是痛苦地纠缠一生，就是劳燕分飞。

第二，托付心态，要对方照顾你的成功、快乐。“本来说好要这样做的，如果不这样做就是你的错。”两个人在一起的时候，一开始你是因为爱他，所以什么都答应他，努力地去满足他的要求，但是你会发现越来越有困难，越来越有压力，有窒息感，这个时候你就会觉得很累，因为怎么做都没有办法让对方满意，就有了亏欠感。对方当然也会不满意，因为明明说好你要照顾他的成功、快乐，你却没有做到，于是他就开始整天抱怨，你便会觉得越来越辛苦，最终忍受不了分开了。你以为你很可怜，我告诉你，真正可怜的是他，因为他每天闭着眼睛抱怨“你答应过要让我更成功、快乐的”，现在你们突然分开了，他猛然醒过来，从此要自己走路，然后他意识到自己已经落后这个世界很多了，他根本不知道该怎么走。所以，照顾本人是自己的事，让自己人生成功、快乐是每个人必须具备的能力，或者再进一步说，一个不能够好好照顾自己人生的人，甚至没资格做别人的伴侣。

第三，不愿意分享内心的感受。男人往往是最不愿意交流感受的，也许结婚几十年都不愿意对老婆说一次“我爱你”，以为自己不需要说，对方就应该知道。可是你不说她怎么会知道呢？不愿意分享内心的感受，有时候并不是不愿意，而是没有这个能力。

在情感关系里，“没办法，谁叫我爱他”这类想法往往只会让人选择忍耐。事实上，“忍”只是把爆发后延，就像前面说的“我忍了你二十年”，从而导致双方的矛盾就像滚雪球一样越滚越大，等到受不了时就直接崩溃了。

或者是“让”，“谁叫我爱他，我就让着他吧”，但这其实只是在制造不平衡。对方是一个没有长大的小孩，那在你们俩的关系里，他是不是高一点，你低一点？你以为这无所谓，因为你爱他，你低了一点，你现在是-1，他是0。可是我们的潜意识不是这样算的，我们会不自觉地找一次机会，上次让了1，这次反过来要拿2，现在他是-2，你是1，然后再下一次，他要拿4，你们双方会越来越不平衡，如图1所示。

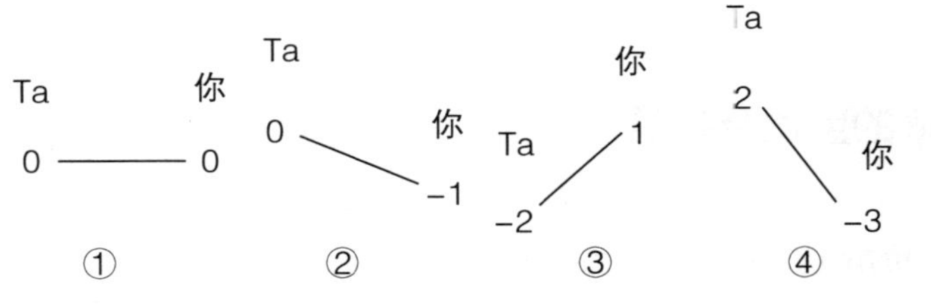


**图1 “让”只会制造更多的不平衡**

所以，“忍”和“让”并不是真正有效处理两人关系的方法，只是逃避而已，一味“忍”“让”不是把问题后延就是制造更大的问题。

两个人闹意见时可以怎么办呢？有不同的意见马上处理，坦白说出内心的不舒服，坚持两个人的关系才是最重要的原则。你可以跟他说：“这件事我们真的需要坐下来好好谈一谈，谈一次好不好？我们必须找出一个办法，以后遇到类似情况可以怎么处理。”这种交谈传达了“我很在乎我们之间的关系”的意愿，有了这句话，在很多事情上双方都愿意给这件事情或者两个人多一些空间，也许两个人的关系就有转机了。

当两个人有了冲突要怎么办呢？可以做些什么呢？

预先建立解决机制，比如猜拳决定谁说了算；或者轮流，这次你说了算，下次他说了算；或者竞投话语权，你愿意付出什么代价来换取这一次用你的方法。没有办法达成一致的事就坚决不做，比如你想吃河粉，他想吃海鲜，你们两个没有办法达成一致意见，那不妨采用第三个选择，比如去吃火锅。

当然，你们需要在平静的时候，平时关系和谐的时候来约定这些解决机制，避免使用时出现不同意见。因为人处于某种情绪状态的时候是没办法谈事情的。约定好之后，两个人再有不同意见时就用这一招，这是在避免冲突，就好像台风来的时候拉响警报，然后所有人都知道要做些什么。告诉自己，没有任何事比两个人的关系更重要。

## 恋爱带来的困扰及痛苦

恋爱中的困扰及痛苦，来源不出三个：一是对父母需求的投射；二是对爱情的限制性信念，比如要求他也爱你，要求他照顾你的成功、快乐，要求他被你操控等；三是技能欠缺，比如不懂得沟通，不懂得如何处理内心的情绪，不懂得怎么做能够改善两个人的关系，等等。技能缺失是可以通过学习来弥补的。

任何两个人在一起，唯一的意义是相互帮助对方提升。我跟你在一起时我帮你提升，你也在帮我提升。个人的价值可以在对方身上呈现，当我跟你们分享我的学问，让你们的人生有所提升时，你们又何尝不是让我的价值得到呈现，让我成为一个更好的导师呢？当这份意义没有了，这段关系也就结束了。

我在前面分享过一个个案，那位女士和前男友分手之后，心里一直放不下，我引导她说了一段话："我们曾经相处了一段时间，现在已经分开了。在那段时间里，你给了我很多，也为我做了很多，帮助了我成长，谢谢你。在你给我的东西里，对我有用的我已经全部放在心里了，我也带着一份感谢把你放在我心里。对我没有用的，现在我把它们完全交还给你。"在婚姻关系里，这句话包含的意思就是把他对你的家暴、给你的创伤都还给他，这些事的责任是他的，你不应该为他而承受。现在你把他完全释放回到他的人生里，你也完全回到你自己的人生里，这样就可以结束这段关系。

在现实的生活里，我们所做的、所面对的已经改变了，而爱及维持爱的情景、感觉却仍未改变，这是大脑和心在维持不同状态的分裂现象，用上述的引导会完成心的调整。

## 分手后不再责怪对方

不管两个人在婚姻情感关系里曾经多快乐或者多痛苦，在分开时都表明是应该分开了。有的人觉得这不公平，认为两个人之所以会分开，是因为对方没有做该做的事。可是他不是你，你觉得某些事应该怎么做是你的事，他没有义务按照你的这一套来。所以，在你们在一起的那些时光里，不管是当时还是当下，他能做的已经全部做了，即使重新来过也不能做得更好。因为当时他所处的身心状态，他的脑袋、他的神经网络以及他对事情的看法就是在那样一个状态，没办法做得更好。正因如此，所谓的重新来过根本就不会有什么不同。即便重新来过，该怎样还是会怎样，因为当时的你、当时的他都没办法做得更好。

对于已经发生的事，我们除了接受、感恩、感谢，没有别的需要做的了。每件事都是按照这样的方式一步一步可以做得更好，每件事的发生对人生都有意义，只是你受教的方式可能会有所不同。

## 为什么失恋那么痛苦

失恋痛苦的真正原因并不是因为那个人，而是因为你内心的情绪，这种情绪往往又是源于我们自己的问题。那个人离开了你是因为你不适合他，他需要的一些东西你身上没有。因为你不适合他，所以他也不适合你。既然两个人彼此不适合，不分开只是延长痛苦而已。很多时候，两个人其实都很痛苦，当其中一个想通了，便离开了，这时另外一个就陷入了另一种痛苦。爱与爱情从来就不是买卖，没法谈公平不公平，两个人在一起的时候能做的已经全都做了，所以从来都没有亏欠。

爱与爱情不是理性世界的东西，不能用对错去评判，因为这么做既没效果，也没意义。在他来到你人生的那段时间里，你已经从中学到了一些东西，获得了成长。失恋一定会痛，可是明白这些道理之后，痛的程度便会减轻，走出来所花的时间会变短。

成长是一定会有痛苦的，那么痛苦有什么意义？想象一下：现在我们在花园里烧烤，大家在很开心地聊天，你一不小心把手放在了火上面，你感觉到了痛。你停止聊天，把注意力放在了自己的手上，接下来你的手就开始移动了，企图摆脱痛苦。摆脱之后，也就是你的手离开了火之后，你开始继续讲话。这个过程让你看到痛苦是怎么一回事，你要停止做当下的事，先去关注那份痛苦，然后，痛苦推动你去找出一个方向来摆脱痛苦。当你找到方向、摆脱痛苦之后，你就继续回到原来的人生里做该做的事。所以，痛苦的意义就在于你需要完成这个过程，学会该学的，如果把焦点放在止痛上，我们往往就学不到该学的。

另外，我们往往有一个错觉，就是尽可能不要让孩子痛苦，所以一看到孩子哭或者难过，我们就心疼了，就很快把他们从痛苦的情绪里带出来。比如，孩子做错了一件事，他把手指头插进插座，你严厉地批评他，然后他哭了。看到他哭你心软了，又开始哄他。那份痛苦没有伴随他，他没有学到该学的，下一次就可能会出事了，很可能他明天又把手指头插进插座，然后受伤去医院。所以，不要孩子一哭你就心疼，你要给他足够长的时间去完成那份学习。

所有成长都必有痛苦伴随，失恋更是一次让自己学习、提升的机会。而很多失恋的痛苦之所以持续多年，难以消除，很有可能是因为：

其一，恋情中有投射现象待处理。

其二，成长过程中的其他重大创伤待处理。

其三，内心尚未建立足够的自我意识。

其实，失恋引起的心理困扰与情绪不难处理，方法不外乎四种：把投射收回、付出与收取的平衡、创伤治疗、增添力量。若有需要，可以找这方面的辅导人员谈一谈。

第五章

# 金钱有多重要

## 被外界影响的价值观

在今天的社会里，一个人的成功标准，被大多数人认定为事业和财富上的成就。“事业”也许还有一点虚泛，而“财富”则是实实在在、真金白银地摆在眼前的。开豪车，戴名表，住豪宅，戴名牌珠宝，坐飞机头等舱，吃一顿饭要花几千上万元等土豪做派颇受追捧。

人们把这些行为叫“炫富”。相应地，社会上就出现了“仇富”，仇富的人多数是自己爬不上去却又嫉妒别人上去了。也有不少人认为拜金、炫富没有什么不对，事实上，追求生活安定、享受比别人更好的物质条件，是人之常情，无可厚非。

我们需要在被人、事、物包围的世界里追求一些目标，例如买房、买车，拥有财富，这些都是“身外物”，即在这个人身体外面的事物。追求这些身外物背后的动机多是为了满足一些内心的需求。这些内心需求才是每个人真正需要满足的东西：

- 成功感，成就感，满足感。
- 安全感，生存条件得到满足，生活轻松、稳定，得到别人及系统的接受及欣赏。
- 证明自己是一个有能力的人、负责任的人、能够给系统做贡献的人。

我一直强调的“生活轻松、满足，人生成功、快乐”亦是这个方面的内心价值需求，是每个人都需要的。

轻松、满足、成功、快乐是内心的需求，也就是内心才能产生的感觉。它们不是实体的东西，外面买不到，没有指定的获得渠道或法则。要想获得这些，是需要做一些事的。

例如，一个人会在工作环境里用“做出好效果”去获得肯定和夸奖，因而满足内心对成功感及满足感的需求。

但是，假如这个人在心智及思维上有了偏差，坚信宴请上级及送礼给顾客才是更有效、更迅速的方式，甚至是唯一的方式呢？他就会不断地重复这个方式，而且这次没效的话，下次反而会变本加厉。如果结果越来越差，那么他的状态也会越来越糟糕。

这就是心智上的“我执”及“单线思维”所产生的问题，是今天社会上很普遍的现象。

金钱财富只是身外物，是用来获得成功的渠道或方式而已。至于什么才会让你感到轻松、满足、成功、快乐，应该由你决定，具体的标准因人而异，甚至在人生不同的发展阶段也会有不同。

## 愉快地共同生活，只靠爱不成，还需要钱

两个人在一起生活，要过得愉快、开心，有满足感，的确需要有一定的钱。两个人可以节俭一点过日子，但是节俭到一定地步，两个人会感到有压力，关系便会开始紧张。钱不够用会让两个人无法去做那些想做的事情，还会增加很多的不方便，有一天你们会开始问自己一个问题：结婚就是为了过这么辛苦的日子吗？

在这个过程中，若双方家长不支持两人，两人会有更大的压力，甚至不敢有生孩子的计划。万一不小心怀孕了，两人更有可能会陷入彷徨及焦虑。这样带来的最终结果很有可能就是婚姻破裂，两人分手。

如果两个人想要愉快地共同生活，要如何解决金钱问题呢？我的看法是：

一、未婚的，不应考虑先结婚再做打算，而应该做好准备再结婚。

二、已婚的，尽量在保证最低限度的生活基础上，再考虑生孩子。

三、必须有清晰可行的计划，让这个小家庭能够在婚后的日子里稳定地提高收入，这样不单能满足生活所需，还能渐渐为长期财富稳定做积累。

四、生孩子前，两人需要做一个预算评估。

· 生一个孩子需要有三年预算，需要考虑到女方有可能不能工作导致家庭收入减少的情况。

· 婚后三年两人的收入水平达到婚前的两倍（假设结婚前的收入仅够两人的生活费用）。

· 留存一笔家庭经济安全保险金，在没有收入的情况下，足以维持两人（不生孩子的情况下）生活两年。这笔钱最好不做长期投资，以便有急需时可以提用。

很多年轻人贪图享乐，上班后享受“月光”生活，十年如一日做同样的工作，拿着同样的工资，从不主动做什么规划以提高自己赚取更多收入的能力，扩大自己赚取收入的途径。这样的人几年后往往就壮志消沉，动力消失，成为“混日子”群体中的一分子。

两个人在一起，不管有没有孩子，对本人人生、对这个家庭以及家庭的未来都有着一份很大的责任。想要生活得越来越轻松、满足，人生越来越成功、快乐，我们还是需要努力提高我们的工资水平，谋求收入的增长。

## 能力比钱重要，但钱还是需要的

阅历丰富的人都知道，在人生路上摔倒不是问题，摔倒后不能再站起来才是问题。人这一生，能做事的时间只有几十年。人这一生，无论是在事业、财富上，抑或是在身体、健康上，甚至是在恋爱、婚姻上，总会有摔倒的时候，正如婴孩时期学走路一样，总会不可避免地摔倒。但是，只要我们从中学习到了经验，我们的思想和心智因此而变得更成熟，能够重新站起来创造更大的辉煌，才是不枉此生。

金钱、财富可能会出于很多原因快速消失，而能力在我们心中、头脑里，谁也拿不走，并且会随着我们的学习而不断提升。这份能力包括有效的思维能力（特别是解困、突破、创新的能力），更精准、快速的策划及管理能力，以及更卓越的沟通及人际交往能力。

尽管如此，在今天的社会里，只有才华，而没有财力的支持，还是会过得很辛苦，甚至可能错过展露才华的机会。即便在人生路上摔倒了，在维持生活和照顾家庭时仍需要金钱，而有效保证这点的是理财能力。此外，对未见的“摔倒”做好预防也是一种能力，规划人生的能力。

所以，有钱的时候，在学习及提升自己上做一些投资，是非常需要的。

## 储蓄和投资，是结婚的必要能力

没有展望未来的习惯，不去做未来规划，是心智还未充分成熟的表现。平时性格乐观，天天心情开朗，嘻嘻哈哈地过日子没有大问题，但同时要有以下几点思考及安排：维持家庭生活需要有多少钱；迎接新生命、养育孩子需要多少钱；如何保证自己赚取满足这些需要的钱。

理财和长期投资是专业技能，关系到本人及家庭未来的生活质量，是应该认真去了解、学习和掌握的。这个技能一旦掌握了，一生受益。结了婚，就添了一份对家庭的责任，尤其在有孩子之后，需要用钱的地方只会越来越多。也许你已经买了保险，生活有了一定的保障，但是如果你还有储蓄和投资的能力和习惯，不仅能给自己的生活添一分保障，还能为你未来的事业发展或转换事业的方向提供支持。

## 打破传统枷锁，为自己幸福而结婚

我们这个民族特别尊重传统。传统是一个统称，包含文化，生活模式的一些惯性言行，以及对事物的考虑及应对规律。生活模式总会随着事物及环境条件的变化而变化，文化及惯性言行必然也会发生相应的变化，而生活在这个环境里的人，“三观”（世界观、人生观、价值观）亦会有相应的改变。

旧时代的婚嫁问题，是用当时文化背景下形成的行为模式来进行处理的。由于我们的民族特别尊重传统，结果就是：在各方面的环境条件、生活模式、心智及思想状态已经发生巨大变化的环境里，我们的社会仍然沿用以前的行为模式，比如很多父母想操控子女的婚姻。而年轻一辈，因为没有学习的机会，虽然心中不愿遵从父母的意愿，但又不知道应该怎么做，因而总是感觉很迷惘、很无力。

跟旧时代比较，今天的女性可以说有了很大的不同：有跟男性同样的学习、工作机会，有权利也有能力跟男性平起平坐，而完全无须维持旧时代里“从父、从夫、从子”的身份角色。今天的女性只需要有意识地学习与思考，让自己有足够的能力照顾好本人的人生，行使上述的平等权利，便很容易获得轻松、满足的生活，成功、快乐的人生，以至美满幸福的婚姻。

至于男性，他们本能地抵触这种变化。因为维持比女性高一级的地位让他们有很大优越感，但是事实上，从长远角度来看，这个“高一级”的地位不能给男性更成功、快乐的人生。

· 男性作为家中唯一的经济支柱，要照顾妻子和孩子的生活。而两人平等、对等的身份定位，则是两个人都参与社会分工，共同承担三个人的生活。

· 两人智力、分工同等，而女性的地位却屈居于男性之下，那么两人在生活中自然会出现很多的挑战与镇压、操控与反操控的斗争，从而使得男性在精神及家庭生活质量上承受的压力及心理负担，会远比在两人平等、对等的情况下多得多。

· 两个平等、对等的劳动力对系统做出的贡献是一个劳动力的两倍！

对于今天适龄婚嫁的青年男女来说，父母的看法及选项是30年至50年前的，可以说已经完全不适合今天的整体情况。试看我国在过去40年里所创造出的人类历史上从未有过的巨大成就，以及十几亿人的生活、思维模式所发生的变化，我们就会明白：父母的话是充满爱的，但是产生的效果并不尽如人意。

结婚是（希望）找到人生伴侣，两人互相扶持，结伴前行，走好未来几十年的人生路！为了支持这份具有重大意义的实践，什么是真正重要的？什么是并不重要的？什么甚至是可能会带来伤害性的？

假如你的确深爱这个人，两人也已谈好如何共同经营出愉快生活在一起的思想言行模式，并且愿意一边同行一边提升，就按这句话做决定，坚定地开始婚姻的旅程吧：我的人生我做主，我的决定我负责！所以——

对于父母的话，可以参考；对于父母的担心，思考后再进行处理。

不受社会世俗的价值观的干扰。

努力维持真而深的爱。

能有良好有效的沟通，约定共同营造愉快生活的方式。

有一定的经济条件：一点点应急的储备资金，不断提升的增加收入的能力，以及一定的理财、投资能力。

## 赌博等上瘾问题

上瘾问题的种类有很多，但常见的上瘾问题有赌博、酗酒、抽烟、吸毒四种。我在这里要做的不是从专业医疗或心理治疗方面进行学术探讨，而是从家庭生活或婚姻关系的角度做一点探究。

各种“上瘾”问题都有一些共同的特性：

其一，一种强迫行为，反复出现，持续了很长时间。

其二，明知这种行为对身体健康或心理状态有损害，往往也包括经济上的大额开支。

其三，本人无法管控自己，不能让自己停下来。

所以，从临床心理学的角度来说，“上瘾”问题是严重的强迫症。

从我研发出来的“简快身心积极疗法”的角度来看，所有强迫症患者内心对自己都有着相同的定位——我不够好。他们通常有以下表现：

一、很大一部分患者内心未曾建立起足够的“自我意识”，或者不接受这个“我”（因为他不够好）。

二、与父母的联结有颇大的缺失，在成长过程中很少与父母在一起，或者虽与父母在一起生活，但很少沟通，或沟通质量很差（无温情，只是否定、批评、指责）。

三、父母亲关系很糟糕，经常吵骂，一方对另一方很不满意；或者双方都是如此；父母关系破裂；离婚家庭。

四、无法摆脱父母的高压、指责、不断索求。

以我过去二十年的研究，我推测不同的“上瘾”者可能存在以下倾向：

· 赌瘾——与父亲的关系欠佳为主因（这里指的不是生活里的关系，而是指内心的联结）。

· 酗酒——父母亲的关系欠佳，本人对母亲有负面评价，或未能与母亲有足够联结。

· 毒瘾——（这里包括各种毒品，抽烟在内心需求上也属于毒瘾）内心力量不足，因为跟父亲未能充分联结。

“上瘾”问题能自己解决吗？我的看法是：

其一，可能，但如果未曾学过一些有效的概念、思想和行为技巧，只靠本人是很难取得成效的。“上瘾”问题的原因在于缺乏力量（心力）和爱，而解决“上瘾”问题正需要这两者。

其二，毒品问题是欧美国家面临的一个严重问题。这些国家，科学成就非凡，医学水平也很高，但对于社会上的吸毒问题一直束手无策。政府设立的戒毒所对遏制吸毒者的毒瘾效果不大，吸毒者复吸率普遍在40%—50%。

这些戒毒所没有对症下药的心理干预技术，而只依赖药物去克服毒品在身体里产生的作用。但是这些药物的作用有点像麻醉药，药性过了，吸毒者的毒瘾便又回来了。在戒毒所里吸毒者所处的环境，以及离开戒毒所后所处的环境，没有多少能让吸毒者的心理状态朝阳光正向发展的因素，而本来造成他吸毒问题的主因仍然存在，故此，药物为主的戒毒方法效果不太理想。

如果上瘾者身边有一个爱他的人相伴，天天让他感受到无条件的接纳、关怀、照顾，同时给他灌输未来会更好的信念，给他“你能够做到”的信任和有意无意地引导他培养出能力，那么他从上瘾的问题中走出来是有可能的。

但是所需的时间会很长，因为没有一个人在戒毒者的心里可以占到比他父母更高的位置，他的内心需要不断地去抵消这个助人者在挑战父母的最高位置的想法。具体需要多长时间，要看戒毒者：

· 跟父母联结的缺失有多深。
· 身心动力状态（体能）和大脑神经网络的损伤程度。
· 本人心智和思维水平，即他的决心及对自己的信念有多大。

同时也要看助人者：

· 掌握的知识、技巧及所具有的能力。
· 助人者心智的成熟程度和思考能力的强弱，这包括在内心对两人的身份定位，助人者对这个戒毒者及他的系统的尊重程度，助人者性格方面的条件，比如够不够有耐性，正面积极的态度是否坚定等。

我本人不相信使用药物戒瘾有多大的作用，还可能引起新的成瘾行为。

除了赌、酒、毒、烟，其实很多不良行为都是强迫症的行为呈现。自己不想做而忍不住去做，对自己有负面影响而没有正面效益，满足这两点的任何行为

（包括大脑里的思想），都可以归入强迫症。

我们应该放下用对错评判的态度去看强迫症，因为这个态度对当事人、对助人者、对社会的进步都没有好处。今天我们在如此开放的社会里，很多事情只要你没有冒犯或伤害别人，都不是问题（当然更不能触犯法律）。

我们应该专注于如何有效地让这个人有更多的选择。如果有意愿，可以试着过一段时间的强迫症生活，在厌倦这种强迫症生活后，又可以轻松地退出来，恢复正常生活。比如失恋后有一段时间不断地“逛、吃、买”；疫情隔离期间，让自己天天看十集电视连续剧；订下十年计划，每年要看三十本书。也许回头看过去，你会发觉你的很多专长、优点，甚至优于别人的地方，或多或少是因“强迫症”而训练出来的。

另外，恋物狂、偷窥狂、家暴、虐待狂、自虐症、厌食症，甚至连环杀手，都属于强迫症，只不过这些患者的行为不只是伤害了他自己，更是伤害了别人，甚至伤害了社会所有人，破坏了这个社会的平衡、稳定，甚至触犯了法律。

第六章

# 如何选择结婚对象

两个人恋爱到一定阶段，也许就会开始考虑要不要结婚了。这时，我们需要问自己几个问题，然后再做决定。

你要问问自己：你有能力照顾自己吗？你有能力照顾你的伴侣吗？假如没有这两个能力，你连选择对方的资格都没有，你就只可以找一个愿意照顾你的人，像藤蔓依附大树一样。当你足够健康、有充分照顾自己的能力时，你才可以有选择。

## 怎样做选择

恋爱和结婚是不同的，没有考虑好就结婚，你将会付出很大的代价。在没有想清楚、看清楚时，你最好不要很快踏进婚姻。那些恋爱已经谈得很痛苦、很纠结，但还是想着快点结婚的人，总以为那张结婚证有魔力，拿到以后就天下太平、一切美好，两个人就会享受成功、快乐的人生。他们其实没有了解到婚姻的本质。那些结婚之前就已经常常不开心的恋人，结婚之后情况并不会更好。

也许有人会问：没钱，结婚后怎么过？对，没钱是没得过，现在的社会是很现实的。可是只考虑钱的话，你最好想一想十年后、二十年后会怎么样。也许那个时候你很富有，有很多的钱，可是天天过得很空虚、很不开心，你乐意吗？你要明白，你的人生路应该是不断地往上走、思想越来越成熟、各方面的高度会不断地提升。所以，在选择结婚对象时，不是不考虑钱，但钱只要够用就可以了，更重要的是需要看一看对方的人品和学问。

关于结婚对象的选择，我这里列了七个参考条件：

优秀——是为了吸引别人的。

性格——是为了长期相处的。

爱与爱的表达——是为了维持跟你的关系的。

能力——是为了有效生活的。

人品——是为了让人尊重、被人接受的。

财富——是为了让你生活得更好的。

激情——是让你过后觉得空虚或者失望的。

假如你认同我列举的这七个参考条件，你就知道该怎么选择。假如你结婚是准备和你的伴侣一起走一生，你需要考虑对十年后、二十年后的你来说，以上的哪个条件对你最有影响。

## 必须明白的道理

第一，你需要明白，爱一个人是一个人的事，爱情是两个人的事，没有爱或爱情的婚姻是买卖。比如一定要有房子、车子、银子才结婚，比如因为对方地位高而结婚，这些婚姻实际上都是买卖。此外，婚姻里只有爱与爱情是不够的，还需要有维持婚姻的能力。爱与爱情是维持婚姻的纽带，可是没有维持婚姻的能力，婚姻双方可能就只能是痛苦地、无力地生活在一起，活得很辛苦。所以，不要骗自己，当你没有准备好的时候，也许你可以继续谈一两年恋爱，想办法提升自己，让自己各方面的能力都有所提升，让自己稳定下来之后再去结婚。

很多人离开学校之后，凭借一技之长找到一份工作，用劳力来换取收入。或许有些人总觉得自己的收入太低了，于是把很多精力放在如何提高收入上。一个人结了婚，有了孩子，经济压力会更大，对收入需求会更大。如果现在你自己生活就已经很勉强了，那就不应该结婚。你需要有一点点钱傍身，以维持自己的生活，同时还要去培养自己的能力，比如想创业的可以去学如何创业，想提升薪酬的可以去学习、提升自己的能力，逐步提升自己获取更多收入的能力。假如你现在处在刚刚能够照顾自己的状态，就表明你暂时还没有能力照顾你的家人，还不具备结婚的条件。

第二，婚前关系不好的，婚后关系只会更坏。企图用房子、孩子、钱把对方留下，不会获得真正的成功，只能延后关系破裂的时间，且其过程一定会产生更多的痛苦。千万不要企图用孩子把对方留下来，对方没有留下来的心，本身就是一个很明显的信号，说明他不能做爸爸或者妈妈。现在有很多女士为了把男士留下来，会选择为他生一个孩子，结果只是把自己变成一个单身母亲而已。其中最无辜的就是这个孩子，他的母亲不是为了做母亲而生孩子，是为了把孩子当作一个工具而生孩子，这本身就少了对生命传承的尊重，少了对系统的尊重。所以，如果两个人没有好好地稳定下来，情感、思想、心态都还不稳定，最好不要结婚。

## 不要相信承诺

在所有的婚姻仪式里，几乎都有互相承诺的环节，无论是在中国还是在外国。在结婚仪式上，男女双方会彼此承诺："我愿意照顾你一生一世""我会爱你一生"。

其实，承诺的真正含义不是这样的。承诺的真正含义是"我愿意继续这样做，直到我觉得需要改变为止"。你可能觉得很惊讶，特别是没有结婚的朋友，可能会认为如果这是承诺的真正含义，估计就很少有人会愿意结婚了。做出承诺的那个人在结婚的时候是真诚的，他很想这样做，他有足够的诚意，可也只是诚意而已，他可能没有履行承诺的能力。

我们有的时候因为相信承诺，在婚姻情感关系里就像睡着了一样，忘记了自己也是需要有所作为的。当事情突然发生变化时，我们才惊醒，认为是对方变了，对方不守承诺，于是就指责对方。特别是当对方也认为你变了的时候，两个人就开始互相指责。其实一直以来你都是在自己骗自己，以为承诺是一定会保持不变的，所以你无须做些什么。只有当你不相信承诺有魔力时，你才会意识到你需要加倍做一些事，而且最好是两个人都做一些事，才能将两人的关系维持在一个好的状态，而不是寄希望于承诺或者那本结婚证。

## 如何找到优秀的人生伴侣

什么是人生伴侣？能跟你分享苦乐的生活搭档，能在你人生路上陪伴你、扶持你，让你活出成功、快乐的人生，同时你也愿意为他做同样事情的人，才是人生伴侣。

我们总是在问如何可以找到优秀的伴侣，其实，不应该是找优秀的伴侣，而应该是找能让你成为优秀伴侣的人。问一问你自己，你足够优秀吗？假如你不够优秀，你有什么资格要求你的伴侣优秀呢？你凭什么觉得你能够配上一个优秀的伴侣呢？正如你自己都不完美，有什么资格去要求另外一个人完美呢？如果你只有80分，你有什么资格要求对方达到150分？只有当你把自己从80分提升到150分的时候，你才有资格找一个150分的伴侣。

停止把焦点放在“对方”身上，转而放在“因为对方，我如何可以更好”上。也就是说，对方的存在是帮助你提升的，你的存在也是帮对方提升的。当两个人都保持这样一个状态时，你们就有办法经营好婚姻情感关系了。

## 不重要的考虑因素

很多人谈到结婚时，往往错误地考虑了某些因素。有一次我去一所大学开讲座，有个女孩子告诉我说她很伤心，她的男朋友因为她不够漂亮而跟她分手了。当时我就请在座的所有男生每人列一个清单：你认为一个女人最重要的优点。当时统计出来的优点超过了40条。

然后我引导这些学生说："看一看这个清单，你会发现，男人的帅和女人的漂亮是其中唯一不仅不能够随着时间的增长而增加，反而只会减少的优点。"我对那个女学生说："假如你的男朋友在乎的只是唯一不能增加而只会减少的优点，不是很肤浅吗？一个不在乎其他优点，只在乎美貌的男人，值得你在乎吗？"有人说最起码不可以太丑吧，我回应："我不争论这个，因为美跟丑都是很主观的标准，你觉得舒服就行了。但是你可以告诉自己，男人的帅/女人的美并不是唯一的标准，不管现在多帅、多美，将来都会有变化。"

假如你说，他不在乎你其他的优点，那对不起，你必须对你当时做的这个可悲的选择负责任。你选择了一个根本不在乎你其他优点、只在乎美的男人，你能怪谁呢？现在很多在婚姻情感关系里失败的人总觉得自己很无辜，觉得自己是受害者。其实，在婚姻里，从来都没有无辜者，只有逃避责任的指责者。关于这一点，后面我会详细讲。

那些奉"三子"（银子、房子、车子）成婚的人，假如婚后你失去了他，你没什么好抱怨的，因为你要的是"三子"，不是他。你需要明白的是，现在有多少"三子"都没有用，你真正要看的是他有没有比"三子"更强的能力。假如他有能力，就算失去了"三子"都可以重新赚回来；假如他没有这样的能力，不管他是富二代还是什么，即便现在有"三子"，那你能保证以后几十年里他也有吗？现在无论有多少"三子"，假如没有能力守住，以后都可能会失去。

## 结婚对象的测试

两个人只有爱意和感觉，谈谈恋爱是可以的，如果想要一起走下去，而且是开心地一起走下去，就显得不够了。有了爱，有了感觉之后，你们还必须找出双方有没有能够支持你们两个人几十年幸福婚姻生活的条件。顺利的时候怎么过得开心大家都懂，你要找的是不顺利时对方是否会维持他的状态，他还会有积极性吗？在太阳高照、阳光暖和的情况下走得轻松、快乐，而面对风暴就萎靡不振，这种人就只适合当玩伴。能共御风雨的人才是我们人生的最佳伴侣。

怎样才能找到能共御风雨的人呢？对方对人、对事的态度就是一个很好的指标。假如他现在对人、对事的态度不行的话，结婚之后你就不要指望他会变得更好，也不能指望有很多人愿意帮忙。在人生路上，无论顺境、逆境都可以手牵手走得好，只是说“我愿意”是不行的，还要看有没有能力来支持这份诚意。

在你考虑把对方作为结婚对象之前，你应该做些测试，这里有从轻到重的三次测试：一次约会、共同策划做一件事、一次出国旅游。供你参考。

关于约会测试，恋爱中的人往往会处在一个深度催眠的状态，只能看到自己想看的。所以你不妨找个机会，让自己保持清醒的状态，在约会过程中做一个旁观者，考察一下他的性格、心态真实的一面是怎么样的。你既要看他做了什么，也要看他没有做的。这样的话，一次简单的约会就可以让你看清他的本来样子。看一看在这个过程中，他用什么样的态度来对你、对人和对事，也许你就能看到很多平时看不到的东西了。最重要的是，他在这个过程中表现出来的不良态度，因为结婚之后，这些不良态度也可能会出现在跟你的相处中，尤其在他遇到逆境、陷入困境的时候。

关于共同策划做一件事，你可以根据你的习惯、你的喜好、你平时想做的事，来确定你们做什么事。在做这件事的时候，最好能提前做准备，做好规划，同时要考虑到可能遇到的困难。由此你就可以看出他在做事这方面够不够周全，安排事情的时候有没有考虑到别人，也可以看出他处理事情、解决问题的能力。

关于出国旅游，我建议尽量不要参加旅游团，跟团旅游的话差不多一切都被安排好了，有什么不满意最多就是骂骂旅游团安排得不好，你看不到他有没有管理的能力、解决问题的能力，看不到他面对一些困境时会如何处理、如何对待你。记住一句话，现在是怎么样的，好的方面结了婚之后只会打七折，不好的方面婚后只会更加不好。

在这三种测试里，你可以看到很多东西，然后你再考虑到底要不要和对方结婚。这样做不仅是为了你自己，也是为了你们婚姻生活的质量，因为这些差不多就能够决定你们的婚姻生活是充满幸福还是充满痛苦。

## 小心“没选的那辆更好”的心态

一位卖二手车的朋友曾跟我聊起一个现象：对每位来选车的顾客，我们都想给予最好的服务，并且尽量保持客观。通常我们会提供至少两个选择给他，真诚地分析每辆车的优点、缺点。这可能是两个不同品牌，或不同型号的两个选择，也可能是同一品牌和型号的两个选择。奇怪的是，十个顾客里有九个，在买车后的一两个月都会提起一句，“可能我应该选择另外那辆”。

我说：“这个容易解释。一方面，今天的社会物质生活丰富，同时选择众多，生活的条件和能力都快速提升，人们普遍地少了知足、感恩的心态，而多了只专注不够好的地方的心态。没买的那辆，他往往只记住了它的优点，或者他特别喜欢的一些优点、特点，专注在喜欢（而得不到）的地方，而对拥有的这一辆，总是专注在不够好的地方。彼长此消之下，总的平均状态就变成了‘得不到的总是更好的’。反过来，如果顾客当时买的是没买的那辆，那他现在也可能会觉得买的这辆更好，因为同样地，他脑子里只有没买到手的那辆车的优点。”

这点解释了为什么十个买二手车的人有九个会有“没选的那辆更好”的感觉了，这是本人不切实际的贪念引起的，跟车没关系。选择对象也是一样，自己是80分的状态，总是希望找到一个120分的。就算你能“骗”一个回来，你也没有能力把他留住，徒得悲剧收场。

第七章

# 准备结婚

你在谈恋爱的过程中找到了一个人，也测试过了，选定这个人为结婚对象，现在你要准备结婚了，在此之前，你还需要做一些认真的思考！

## 婚姻的意义

我们接受了生命，第一份意义是为了家族生命系统的有效延续，我们的责任是活得好，活出一个成功、快乐的人生。

婚姻是生命传承不可缺少的一步，我们结婚，组织家庭，为下一代创造最好的成长空间与生命成长过程。孩子长大之后会离开，拥有他自己的空间，去建立他本人的家庭，过他自己的人生。所以，和你共度此生的是你的人生伴侣，而不是你的孩子。

用这样的方式，大系统就可以稳定地发展，一代一代地传承下去，所以婚姻有三个意义：

一、为了生命的传承，给下一代创造最好的成长空间与生命成长过程。

二、找到人生伴侣共度此生。

三、人生从此有了一个心灵的港湾。

## 关于婚姻的核心信念

婚姻是一件很神圣的事，必须用庄严的态度去考虑到底要不要结婚。绝对不能因为他为我做了很多、因为我有了孩子、因为他照顾了我、因为我父亲欠了他很多钱等原因结婚，把婚姻当作“还债”的工具，企图用婚姻来报恩、找平衡。这类婚姻是很难获得成功的，双方也难以维持幸福、美满的婚姻关系。同时，当一段婚姻失去了它的意义的时候，婚姻关系应该终止。

我们现在谈的是如何能够拥有有效的婚姻情感关系，焦点不在谈对错，而是谈效果。要想拥有有效的婚姻情感关系，我们一定要有正确的信念，而正确的关于婚姻的核心信念有三条：

一是准备给孩子最好的成长空间。

二是与伴侣同行人生路。

三是心灵有了一个最后的港湾。

对个人来说，婚姻是为我的人生服务的。

## 对婚姻的错误信念

一位妈妈告诉女儿，“男人最重要的就是要有上进心”。这个女儿长大之后便嫁了个很有上进心的男人，结果很痛苦。因为她的老公太有上进心了，每天都在公司忙业务、忙生意，根本没有时间陪她。从这里你就可以知道，别人定的标准，包括你最敬爱的父母说的标准，都只是让你参考而已。再对的事情，如果做得不开心，都不能维持长久，而婚姻是一辈子、天天的事啊！如果心里不舒服，那就是一辈子天天都不舒服，这样的日子能维持多久呢？

很多人在结婚的时候会说，“我觉得他很好，我的人生可以托付给他”。这句话是错的，你的人生必须托付给你自己，你必须照顾好你自己的人生，才能让你本人有成功、快乐的人生。也有人说，婚姻能带来安定的生活，家就是你的伴侣（房子只是一个壳），是你心灵最后的港湾：在你的人生里，当你无处可去、心无所依的时候，你还可以回家。但是，假如你连明天在哪里睡觉、今天晚餐的钱在哪里赚到都没有把握的话，拜托你就不要结婚了，不要害自己也害别人，天天都为一点钱的事情发愁或吵架的婚姻能维持多久呢？

还有一些人认为结婚证是有神力的，结了婚一切都会变好，所以即使恋爱时争吵不断，也还是坚持要结婚，以为婚后生活在一起一切都会变得很美好。

以上这些都是对婚姻的错误信念。

## 1.1抑或大于2

托付心态，就是“你应该照顾我的成功、快乐”的心态。很多电影、电视剧、小说里都有这样的情节：一男一女谈恋爱，彼此觉得很合适，想要结婚，于是男士就去女士家里跟女士的父亲谈。女士的父亲明白了男士的意思，就对男士说：“我的女儿一直都很任性，我还担心她找不到一个好男人，现在你愿意照顾她，我就放心了。好吧，我把我女儿交给你吧。”这句话像不像把一个婴儿交给另外一个男人？而女士就会说：“你爱我，你答应过我爸爸照顾我的成功、快乐，我才决定嫁给你。”这句话的意思是“我不需要照顾我自己人生的成功、快乐，这是你的责任”。这就好像男士的背上背了一个背篓，女士坐到背篓里，男士背着女士走一样。

假如两个人各自的力量是1，现在的情况就是1+1=1.1，因为女方不用走路，只是坐在背篓里休息，力量都没有使出来。在这样的情况下，两个人肯定都很累，会有很多争论、矛盾、冲突，关系就会很紧张。

让我们换另外一种方式来看待整件事：“你有足够的力量，能够照顾自己人生的成功、快乐。”他来陪你，你很开心；他不来陪你，你也有办法可以让自己开心；两个人在一起时，又有两个人都感到快乐的方法。

这样的话，1+1就大于2了。这样的婚姻情感关系是没有压力的，反而会有很大的空间，充满了轻松、满足、快乐、愉悦。

## 我+你≠我们

很多时候我们以为两个人结了婚、在一起了就等于“我们”了。其实“我+你”不会自动成为“我们”，两个人在一起是“我+你”，但如果两人自说自话，有“我们”吗？

“我+你”不会自动成为“我们”，要想让“我+你”成为“我们”，你们必须做一件事：准备接受一些自己本来没有的，同时放弃一些自己本来有的。如果你不愿意这样做，那么“我+你”就只是“我+你”而已。

他和你能够在一起，你们两个人能够聊得开心，能够谈恋爱，甚至能够结婚，你们之间肯定有一块重叠的部分，比如对某些事情的看法一致，都认为某些事应该怎么做。你明白了这个道理，就已经有一个很重要的改善沟通、改善关系的方向和方法了。

如何扩大两个人之间重叠的部分，就是改善两个人关系的着力点。两个人一发生争吵，就把焦点放在与“我们”相关的那些方面，气氛很快就可以调回来。比如这一次你要吃牛排，他要吃海鲜，争吵的时候转而说：“我还记得两个月以前我们去某一个地方吃饭，那次我们多开心，谈得多和谐，你还记得吗？”两个人马上就变好了，这个就是技巧。

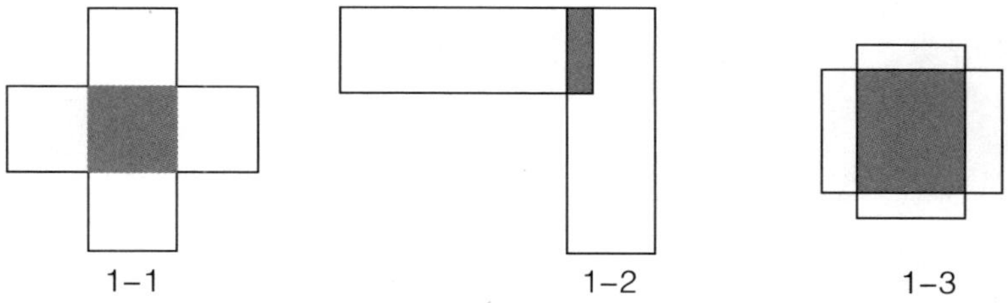


图1　婚姻双方重叠部分的演变

如上页图所示，刚结婚的时候，两人之间重叠的部分像图1-1。若干年之后，会有两种情况出现：第一种情况就是两个人重叠的部分变得如图1-2这么小了，有些可能因为孩子还在勉力维持着婚姻，有些不在乎孩子的则可能已经分手了；第二种情况是像图1-3一样，两个人很恩爱，很多事情看法都一致，要做的事情一起去做，并且做得很开心，而且不断相互支持，鼓励彼此成长，两人的心智及各方面都成熟了很多。你当然希望若干年之后你和伴侣的关系像图1-3一样，谁决定若干年之后你和你的伴侣是朝着图1-2发展，还是朝着图1-3发展呢？你们两个结婚的时候有没有谈过如何才可以走到1-3呢？

结婚的时候两人之间有共同的部分，也有不同的部分。能够做到1-3的动念是“我原来有的我愿意为对方放弃，我原来没有的我愿意为对方去获取”，对方亦然。所以，婚姻中从来都没有办法一直保持原来那个“我”不变，变得怎么样就要看两个人有没有协调、约定，并为此而做出努力了。“我爱你，我对你的爱足够多，所以我愿意改变自己，你也一样，我们就可以做到像图1-3一样。”你准备这样吗？如果你不准备这样，那就不要结婚了，因为你是无法拥有满意的婚姻生活的。

夫妻本来是平等的关系，后来很可能就变成“找爸/妈”的心态了，丈夫变成了父亲，妻子变成了女儿，或者妻子变成了母亲，丈夫变成了儿子。每当出现这种情况时，夫妻关系和父女关系必然只能保留一个，因为不能够同时存在两种关系，父—女/母—子关系保留了下来，夫妻关系就消失了。这样的关系可能会维持几年乃至十年以上，两个人表面上很好、很快乐，因为两个人已经习惯了这样相处。直到有一天，两个中的任何一个想要拥有一份真正的情感关系时，他可能就会向外去寻求满足。这就是说，一方过度迁就另一方的婚姻模式，容易出现不忠诚的结果。

## 爱与情的不同

爱与情是不同的，爱是绝对的、无条件的、不需要回报的。你爱一个人，会甘心付出，无条件为他做事。古今中外，多少伟大的爱情故事里，都有着感人的为爱无偿付出甚至牺牲自己的记载。

情是有付出但期待回报的、需要做出平衡的。我们会说“谢谢”，然后会去找、去想可以做些什么来回报对方。我们经常会说“我欠你一份情”，但是很少有人说“我欠你一份爱”。结婚前什么都不计较，就是爱比情多，结婚后计较很多事，就是情比爱多。假如你准备结婚，就要提醒自己这点，把两者分清楚。

## 婚姻是爱情的坟墓吗

“婚姻是爱情的坟墓”是我最反感的话之一。爱情难道只是把对方骗到手的一个工具吗？不然，婚姻根本就是爱情的开始！

恋爱是“我尝试找一个能够陪伴我一生、与我一同经营人生的人”的寻找过程，这个过程不一定第一次就会成功。等终于成功了，便是结婚，向全世界宣布：“我已找到一个适合的对象，准备跟他一起创造充满甜蜜爱情的人生，建立一个温馨幸福的家庭，请大家不要干扰。”所以，婚姻才是爱情的真正开始。

爱情是终生恩爱的婚姻生活所必需的，那些结了婚没几年，牵着老婆的手就像左手牵右手的，只是说明他们结婚后很快、很早就没有了爱情。也因为这样，我们要明白，爱情不应该是只一方讨好另一方，不应该只有付出，爱情应该是用一个成熟的心态来不断地找出两个人如何更好地配合对方，两个人如何用心经营彼此的关系，能够不断地营造爱情，越来越开心。当婚姻里没有了爱情，或者爱情越来越淡的时候，两个人在一起的动力就开始减少，如果不做一些事去改善，剩下来的就只有结婚证所保障的法律意义上的关系了。

在理性世界里，不想做而必须做的叫作责任，“是我的责任”的意思是我已经不享受做事情的过程，可是我一定要做。如果你很喜欢做一件事，很享受做这件事的过程，你是不会把它当作责任的。爱一个人，本来就会愿意为他做一些事，让他更轻松、更满足、更成功、更快乐。当1+1＞2的时候，两个人一起走一生是没有问题的。所以，充满爱情的婚姻不会沉闷，只会甜美，每天都是快乐的，因为两个人的内心动力就是“我愿意为他做得更多一点，让他有更多的成功、快乐”。

## 婚姻双方的价值观

在婚姻关系中，双方的价值观非常重要，同时也是走进婚姻的人容易忽略的一个重要的点。为什么在有些婚姻里，某些事情一出现就会对婚姻造成很大的冲击，甚至到了要离婚的地步？为什么婚姻里的丈夫/妻子会对某一件事的发生感到极度震惊、极度痛苦？这是因为两个人之中的一个的价值观受到了冒犯。

每个人都有一套自己的价值观，其中有些价值观关系到一些对你很重要的存在价值，任何进入你生命的事物都必须尊重这些价值观。它们比婚姻或者维持婚姻更重要，假如不能在婚姻里维持这些重要价值，你宁愿放弃婚姻。在中国，离婚最普遍的原因就是对方出轨，这就是说，出轨违背、冒犯了伴侣的价值观。

明知对方不能接受自己的价值观却仍然跟对方结婚的人，天天生活在惶恐、焦虑中，就好像身边有个炸弹，随时会爆炸。这样的婚姻没有未来，而且注定会以悲剧收场。

你在婚姻方面有着怎样的价值观呢？你可以先问自己四个问题：在美满的婚姻里，你觉得什么最重要？在理想的婚姻里，你最在乎的是什么？你希望幸福婚姻能带给你一些什么？良好的婚姻将带给你人生一些什么？你要不断地去想这四个问题，想到什么就写下来。你可以列一个清单，比如说你写了八条，你把这八条按照你的感觉排一下次序，最重要的排第一，最轻微的排最后。排好之后你问问自己，假如必须去掉一条，你会去掉哪一条？你可以用每两条相互比较的方式去筛选，比如第一条和第二条只可以保留一条，你会选择哪一条？用这样的方式找出你内心的重要排序。你会发现，虽然你内心希望越多越好，但还是有可能让自己删掉一些的。也许删到剩下三条时，你觉得真的不可以删了，那这三条就是你的价值观。

假如你在结婚前可以把自己的价值观跟对方磨合好，婚后出现让你觉得震惊、觉得很受伤的事的概率就会低很多。如果对方是个聪明人，他清楚你的价值观，结了婚之后他懂得如何与你一同设计及经营婚姻生活，以充分保证两个人的价值观得到保护。

## 工作与家庭

请先做一个简单的练习：

第一步，请写下你现在的生活中，耗费你最多时间的十件事是什么，例如陪孩子、工作、打游戏等。

第二步，请写下你人生中10—15个最重要的人（仍然健在的，如父母、伴侣、孩子……）。

注：假如你仍是单身，可以假设十年后你已经结婚了，有了伴侣和孩子，然后按你的看法把他们写在上述的两张纸上（第一张是行为、耗用时间的事，第二张是人，以及他们的身份）。

第三步，以上只是准备，现在用一张空白A4纸画图，如图2所示，然后将上面准备好的资料填入这个图：中心的人是“我”，本人。

圈1：对我最重要的人和事。

圈2：对我次重要的人和事。

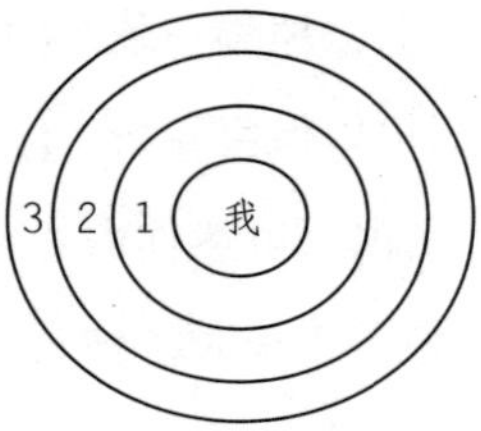


**图2 人和事的重要程度排序**

圈3：我常做、常见的人和事，相比之下不如圈1或圈2重要的。

第四步，按实际情况，用红笔写下在“做这事，陪伴这人”上所花的大致时间，比如工作9小时，陪伴父母10分钟。

第五步，看着全图，问问你自己：我现在的时间分配是否合理？需不需要修正？

如果认真地、一步一步地把上述练习做完，相信你会获得一些重要的启发：

其一，你希望有美满、快乐、幸福的婚姻生活。

其二，婚姻生活是下半辈子几十年，整条人生路的重要事项。

其三，美满、快乐、幸福是需要投放时间与精力的。

其四，如果在现实生活里错把时间、精力投放在其他人、事、物上，就无法收到上面的效果。

如果其中存在一些不合理的地方，那么你可以怎样修正呢？

我曾在课堂上遇到一位男士，他问我：“李老师，我和我太太结婚两个月了，现在我有一个可以去北京工作的机会，那份工作比我现在这份工作的工资要高很多，福利也好很多，同时那家公司也很有名气，我是不是应该去呢？我觉得这是一个很好的机会，可以让我将来有很好的发展，可是我老婆很反对，老师我该怎么办呢？”我说：“你刚结婚两个月，就变心有新欢了？”那位男士没有明白我说的“新欢”指的是工作机会，而不是人，他立刻否认，说绝对没有。我说我指的是北京那个工作机会可以替代现在刚刚结婚才两个月的老婆。

在我们一生当中，工作可以换好几次，可是你不会希望你的伴侣总是在换、换好几次吧？所以，工作和婚姻根本就是不可以放在一起比较的，是不能放在天平两边来衡量的。所谓的“我去北京是为了我的家庭更好，因为那份工作可以拿到更多的工资”，是在骗谁？你是说为了更多的钱，就可以把新婚妻子放到旁边了？事业既然那么重要，重要到你都不准备经营家庭，那你干脆就不应浪费时间结婚。不准备投放精力与时间在家庭上的人不是一个好伴侣，不管话说得多么漂亮，都是骗人的。

如果你准备结婚，你就要想清楚婚姻对你来说有什么意义，你决定结婚成家，这个“家”对你有什么意义，家人对你有什么意义。你准备好把你的家人和家庭放在最贴身的一层了吗？抑或对你来说，最重要的是事业？

## 共同约定

两人谈恋爱期间就可能会出现迁就、妥协的情况，需要两人找方法去配合对方，或者因为爱而愿意改变自己。简单的如饮食习惯：一个广东人不吃辣，喜欢清、淡、鲜的口味，而对象是四川人，喜欢辣、麻这种重口味，这就需要两个人相互配合了。恋爱就好比一个体验时间，让两人可以摸索相互配合和适应的可能性，如果这关过不了，婚姻自然就无从谈起了。

假如这样两个人终于结婚，且一起愉快地生活了几十年，那你可以肯定他们两个人都有愿意改变自己去谋取“我们”的有效共同生活模式。

在我的关于恋爱及婚姻的书《李中莹亲密关系全面技巧》里，我就说过“我就是这样的”是最终导致恋爱或婚姻关系走向终结的人生态度。有这种性格的人是不会珍惜任何人或事物的，他会不惜破坏或牺牲任何关系或机会去保持自己的性格。

若想做到1+1＞2，若想让这个家真的成为将来新生命最好的身心成长空间，两人婚前一定要相互了解，建立起有效相处的机制。如此，一方面能快速度过磨合期，另一方面更容易产生1+1＞2的效应，有更多的轻松和满足感。两人应在婚前就要确定这些能力的存在，然后再走进婚姻。建立一个“约定机制”是最好的方法之一。

除了语言行为方面的具体模式上的约定，例如两人约定（只举两例）：

· 见面时全程必须面带微笑，若无法做到，则必须坦白说出原因，对方应该给予关心，给出建议和支持。

· 不用指责和否定的言行对待对方。

两人还需要在遇到一些“暗弹”时，有预先约定的拆弹模式。“暗弹”是指隐藏着的破坏两人关系的那些情况。对于这类情况，一般人会选择避开、视而不见或忍过去，但这样做的结果很有可能就是等到离婚那天喊出“我忍了你十几年”这种话。

两人深爱着对方，很多小事单独一次出现时真的是小事，心中就算有一点点不快，想想其他事也就过了。但是，如果没有预设的拆弹方式，危机是不会消失的。两人不会知道下次出现的会是什么问题，但可以约定，只要有问题出现，应该采用什么态度、什么方式处理，以及怎样找出解决办法。最重要的原则是：

一、不能用促使两人各走相反方向的方法。

二、不能用乌龟、鸵鸟式的不想、不谈、不解决的方式。

三、不能用操控、绝对一边倒、霸权类模式。

四、一定要有有效沟通的机制，确保两人良好关系总是至高无上的选项。

五、两人必须清楚且能够接受对方的价值观，确定重大问题的解决机制需考虑到彼此的价值观。

两人如不能达成这些约定或者建立后无法遵守，最好延后结婚的决定，不然婚姻就像行走在布满地雷的山地上的小车，在颠簸的同时还可能随时会爆炸翻车！

## 共同愿景

我们每天做的每件事都是为了未来。你准备结婚，就必须和准备成为你伴侣的那个人谈一谈愿景，比如“我希望我们十年后在哪里，我们的生活是什么样的”。人生里最重要的关系是与伴侣的关系，两个人走入婚姻准备共度一生，以后的人生路上很多事都是两个人并肩作战、手牵手一起前行的，那么该如何相互配合、支持，维持甚至改变生活模式？一个好办法就是共同创造一个愿景，然后两个人一起走过去。

愿景是两人找出来、定下来的。确定愿景后，两人一起设计、规划未来，在这个过程中，两人是平等的。在设计、规划未来的过程中，弱的一方最想看到的，就是对方给他的空间比他应该得到的更大一点，他就会很努力地做些事来证明“我比你以为的要更好”，两人需要的是这个。两人在一起总是帮助对方提升，同时不断开拓两人的空间。

愿景让两个人有更多的话题、更多的动力、更多的相互肯定与勉励，所以两人会收获更多的快乐及意义。愿景能否真的实现其实不太重要，重要的是借此提升两人关系、相处的质量，并增强为未来而努力的意识，不自觉地多想想未来。

## 处理冲突的机制

中国有句话叫“家和万事兴”，为了维持家庭的和谐，很多人采取的方式是避免冲突。我们从小就被告知孩子不可以发脾气，有什么事要尽量退让，这是我们的传统，也让我们以为这是处理冲突的最好方式。但是在今天的社会里，你是这样的，别人未必是这样。适当的忍让是修养的表现，但当别人太过分的时候，你也要懂得站起来捍卫自己的权利及界限。

很多孩子，特别是女孩子，不懂得对别人说“不”，即便是不合理的要求，往往也觉得很难拒绝，也不懂得提醒别人“你要尊重我的界限”“你要尊重我”，因为她们害怕面对冲突。

其实当两个人有冲突时，一个最高的相处原则就是“我们”比其中任何一个人都重要，一个“你”和一个“我”构成“我们”，“我们”是系统，系统比个人更重要，两个人都应该遵守这样的原则。

有些时候我们不懂得如何处理冲突，又不愿意面对冲突，所以往往会选择忍。忍不能解决问题，只是把爆发点后延而已。我们的潜意识会找机会去报复，所以我们经常会在别人吵架时听到“我忍了你很多次了，这太过分了吧”这种话。你每“忍”一次，你心里就会记一次账，等攒够了就会不惜关系破裂也要全部抛出来。另外，“让”也不能解决问题，只会造成内心不平衡，下一次会要求对方加倍偿还。

所以，当两个人有冲突的时候，要马上面对、处理，如果你不处理、不说出来，对方就会以为本来就可以这样，也因此很快就会没事变有事，小事变大事。很多时候我们很不明白，为什么我们迁就对方，但是对方却把这些当作理所当然，好像我们本来就应该这样做一样。为什么会这样？是因为你没有让他知道你的界限。你在有些事情上让了他，他就弄不清你的边界在哪里，不知道什么可以，什么不可以。当一些情况开始出现时，你可以平静地告诉他你的界限在哪里。如果这种情况再次出现，你不要马上翻脸，而是平静而坚定地告诉他、提醒他。

两个人在一起，不知不觉中会塑造出很多可以说是扭曲的相处模式，然后觉得理所当然，特别是“找爸爸”这种相处模式。学习了这些知识，每当你感觉到对方在一些事情上开始有“找爸爸”的状态，你可以在聊天的时候保持轻松，开开玩笑，比如对老婆说“老婆，我是你的丈夫，不是你的爸爸，你看，这件事怎么怎么做好不好”，从而让她有点觉察。

当两个人有了冲突该怎么办呢？解决的办法就是在婚前建立起处理不同意见的机制，在两人都心情好、状态好、平静的时候，讨论一下出现意见不合的情况时可以用什么方法来处理。只要不伤害到两个人的关系，什么方法都可以，比如猜拳决定话语权、轮流做老大、投标争做主等。如果两个人都不能接受对方的意见，可以先把事情搁置起来，然后一起去找其他意见。虽然不触及两人的价值观，但达不成共识的事情也坚决不做。这样坚持几次，大脑里的“网络”就开始懂得“照顾我的同时也要照顾对方的感受”，而不是“我为了你，我牺牲；你为了我，你牺牲”，两个人都牺牲的话，两个人都不会开心，最终往往会转化为冲突。假如不管对方的感受，自己喜欢的事情就去做，一次这样的行为就会让两人关系出现一道裂痕，不需几次，两人的关系就散了。

## 这些都不是结婚的理由

以下不是结婚的理由——

因为有了孩子而结婚。

因为在我最脆弱的时候他出现了，照顾了我一段时间。

因为他对我家有恩。

因为我没处可去。

因为我孤独。

因为我需要一个人管我。

因为我家太穷。

因为他条件好。

因为我厌倦了一个人生活。

因为我年龄大了。

因为父母催我太急，我太烦了。

因为同学们全部已经结婚了。

不带任何条件的婚姻，才有机会收获终身幸福。财势等条件是不可靠的，它们消失时，本人是否有能力创造未来，两个人是否都能因为对方而在心智上不断地获得成长，能否给对方不断的支持，才是做出结婚决定的更重要的考虑条件。

# 中篇

第八章

## 美满婚姻需要的心智与思维模式

## 拒防资格感缺失

我们很多人喜欢拼命地为别人做事，同时在自己需要帮助的时候，又总是拒绝别人的帮助，这是严重的资格感缺失，背后的意思是“我需要不断地为别人做事，我没有资格让别人为我做事”，这对于维持关系的平衡并不是好事，对方迟早会受不了的。因为他的价值，也只可以在你身上呈现！就像两个人坐跷跷板，一个人高、一个人低的时候，是根本没有办法平衡的，除非高的一方愿意把自己降下来，创造一些机会给对方，让他有机会做出平衡。

在一些丈夫出轨的个案里，丈夫的出轨对象在各方面都不如妻子，妻子得知后又愤怒又伤心，她觉得自己比丈夫的出轨对象更漂亮、更有能力，对丈夫也更好，为什么丈夫要找一个不如她的女人呢？普通人没有办法明白，而丈夫只说一句“因为我跟她在一起的时候我觉得有地位”，妻子就明白了。所以，只是爱，只是愿意为对方付出是不够的，每个角色的价值都只能在对方身上呈现，你需要请你的妻子/丈夫帮助你成为一个好丈夫/妻子，不是找一个优秀的伴侣，而是找一个能让你成为优秀伴侣的人。不要以为优秀就是拼命做更多，优秀是让伴侣觉得安心、舒心、放松，觉得家真的是人生最后的避风港，是最安全的地方。

那么两个人可以怎么做呢？唯一的办法就是经常讨论，多讨论，有机会就谈一谈。很多人结婚之前拼命追求对方，拼命找时间在一起，两个人甜蜜得不得了；结婚之后两个人就各忙各的，过不了多久男士也不送花了，女士也不化妆了；再过一段时间两个人就回到恋爱之前的状态，天天以“我要赚钱照顾我们的家庭”的名义忙工作，爱快速消失，两个人牵手就像左手牵右手，也许几年后就开始谈离婚。我在新浪微博做微访谈的时候，曾有一个人问我："李老师，我结婚13年了，大部分时间我都活在一个平淡如水的婚姻状态里，我该怎么办呢？有没有什么办法可以改变呢？我该怎么做？"我问他："这13年里，你在'爱情'这两个字上面做过一些什么来让你的婚姻保持甜蜜和愉悦？"

## 喂饱对方，好让对方喂饱你

有一个关于天堂与地狱的故事：有人去天堂和地狱逛了逛，发现两个地方环境同样好，食物同样多，水同样干净，但是天堂里的人白白胖胖，生活得很开心，而地狱里的人都瘦得不得了，脾气也很暴躁，一言不合就会吵起来。大家觉得很奇怪，天堂和地狱什么都一样，为什么大家的情况这么不同呢？原来离开了世界的人，胳膊肘是不能弯曲的，而他们吃饭的工具是一把手柄很长的像锅铲一样平的汤匙，手臂不能弯曲而用这样的工具来吃饭很不容易，你试试就知道了。地狱里的人各吃各的，好不容易盛到一点食物，被旁边的人碰一下就全部洒掉了，他们很愤怒，马上就吵起来了。因此，地狱里的人每天大部分时间都花在吵架、打架上，吃得很少。而天堂里则是每个人都用同样的汤匙盛着食物送到另一个人的嘴边去喂对方，所以天堂里的人都吃得白白胖胖的。

这个故事让我有很大的感触。让自己成功、快乐必须靠喂饱别人，"我喂饱你，我才可以自己吃得饱"。夫妻关系需要夫妻双方相互支持，彼此就像是对方翅膀下的风，让对方能飞得更高，但这需要两个人都愿意这样做。现在的普遍情况是，某一方像小孩一样不断地索求，抱怨"你应该给我更多""你为什么不给我"，这刚好是相反的动力。

在婚姻情感关系里，你为对方做些事，对方会很开心。可是，假如对方开口你才做，你就会被扣分；对方没开口你就做了，你就会被加分；如果他开口了你都不做，那你们的关系可能会出现问题。如果出现一次问题是1%的话，那100次以后你们的关系就断掉了。如果你总是用"我们要喂饱对方"这种态度来相处的话，你会主动关注对方，会觉察、会知道他需要什么，然后你会主动去做而不是等他开口。

当一个家庭里诞生了新生命，绝大多数是孩子的母亲在照顾。在孩子出生后，女性的妻子角色就丢了，只有母亲角色了。女士们投放在“母亲”角色上的时间和投放在“妻子”角色上的时间各是多少？很多女士也觉察到原来自己投放在“妻子”角色上的时间非常少，婚姻只剩下那个小红本了，一家三口只有父亲—孩子—母亲的角色，夫妻的角色“退休”了。如何做好妻子，如何经营好婚姻很重要，一个非常中肯的观点是：去掉保姆所能做的，剩下的才是妻子的价值所在。

你先问问自己，你可以做些什么能让情况有所改变，能重建妻子角色，让妻子角色与母亲角色同时、对等地存在。

## 美满婚姻关系的幸福法则

幸福婚姻不是天赐的，是需要两人一起努力营建的！

美满婚姻关系的幸福法则：

一、先决条件：成熟的心态，有良好的觉察及思维能力，能够有效沟通。

二、经常沟通（每周两次），谈论自己近期对事物看法的改变，让对方觉察自己的变化。

三、两人不断找出一些新的、自己愿意做的，同时做了对方会感到开心、满足的事情。

四、去做这些事情，并且安排时间去制造浪漫。

幸福法则的先决条件，就是两个人都有成熟的心态，有良好的觉察及思维能力，并且能够有效沟通。我们每个人都在不停地变化，所以必须想办法去应对及配合，这就需要双方经常沟通，谈论自己对近期事物的看法，让对方觉察到自己的变化。不要说“你以前是什么样的，你现在和以前不一样了”之类的话，而是说你觉察到他和以前不一样了。其实你自己也是这样，变化不是问题，问题是我们如何应对变化，甚至管理变化。

你们俩需要建立一个良好的沟通机制，如果夫妻俩单独在一起很难沟通，那这个世界上你还可以跟谁沟通呢？有些家庭，夫妻间的问题不能彼此好好沟通，还要找第三个人去帮忙传话，这不是莫名其妙吗？我遇到最多的情况就是“李老师，我的老公怎么怎么样，你可以帮我改变他吗”，我的回答是：不可能的，两个人的事就是两个人应沟通和处理的事。

两个人想要建立良好的沟通机制，就需要具备充分表达本人意思的沟通技能，假如总是不知道该怎么办的话，我建议你们先去学习，然后再谈如何经营好婚姻情感关系。

此外，你是否在训练你的伴侣对你麻木？好好想一想你们之间是否发生过这样的事情：某一天，不知道什么原因，你的伴侣忽然有很大的自信、很大的动力想去做一些事，同时他希望因此得到你的关注，希望用那些事来表示他有多在乎你、爱你。而当时不知道什么原因，可能你的情绪状态不太好，可能你太忙没有注意到。总之，你对他做的那些事没有反应，或者反应很冷淡，甚至说了一些否定他的话。

当一个人满腔热情地为伴侣做了些事情而得不到好的回应时，受到的打击是非常大的，也许他以后就没有动力想去做些事来得到你的肯定了。每个人都需要伴侣的肯定，伴侣也许不喜欢那件事的效果，但是必须先给予肯定，感谢他的那份心意。没有这些肯定，你可能就在不知不觉中训练出他对你的麻木了！

## 学会感恩

我研究了中外一些非常成功的婚姻，发现真正美满幸福的婚姻，夫妻两个人都会对对方有一份感恩。“恩”是“没有权利得到而得到的东西”。

在婚姻情感关系里，你送了对方房子、钻石、名车，对方和你结婚，组成一个稳定的家庭，你的这份投资就让你拥有了一个伴侣，可是伴侣对你好不好并不包含在你的投资里面。所以，如果伴侣做了一些让你感动的事，你就应该感恩，因为这是你本来没有权利得到的。

“我多么感恩我找到了你”“我多么感恩我的身边有你”，这份感恩是维持两个人恩爱、幸福走一生的最深层的动力。

有了感恩的心，我们就有了一份谦卑，就不会傲慢，不会觉得伴侣为自己做任何事都理所当然；有了感恩的心，我们就会很珍惜彼此；有了感恩的心，我们就会愿意做很多事，让自己有所改变，让自己更有资格拥有这份特别珍贵的事物（对方，或者因对方而有的婚姻生活）。所以，为了让两个人的关系维持在一个非常好的状态，你需要为对方做得更多。若两人都有这个态度，婚姻生活一定很快乐、幸福。

## 谁也不愿跟一个天天抱怨的人在一起

我20岁刚出头时在某大银行里工作，和同事们相处融洽，那时虽然工作繁忙，但是蛮开心的。有一天，我正在忙的时候，一位同事走过来问我：“给你介绍三个对象，黑天鹅、白天鹅和嫦娥，你会选择跟哪一个结婚？”这样的问题，问谁都只会有一个答案了，我说：“黑天鹅与白天鹅都不是人，而嫦娥貌美如天仙，我当然选嫦娥啦。”“那你就惨了，如果你老婆是白天‘哦’，你晚上可以睡觉；如果你老婆是黑天‘哦’，你白天还可以睡觉。但是，如果你老婆是常‘哦’，那你天天都无法睡觉了！”（广东话里，“鹅”“娥”“哦”同音，“哦”是指喋喋不休，说个不停的意思，也就是北方人说的唠叨。）

如果你有一个唠叨的老婆，你能受得了吗？坦白地说，我本人是受不了的。一个男人即使修养再好，天天被唠叨，应该也会感到烦吧？

假如你的伴侣不是喜欢唠叨，而是喜欢比唠叨更要命的抱怨、批评、指责、否定，你能跟他过一辈子吗？很难吧？我相信没有一个身心正常的人能够这样走完几十年的人生。不仅仅是女人，其实唠叨的男人也有不少，虽然呈现的模式或有不同。

天天抱怨不绝的女人，我称为“怨妇”。

也有“怨男”，但从他们身上更容易看到的是一种转化过来的模式，那些不满转变为“愤怒”（不平、不接受、不认同，觉得不公平，受了委屈），所以我称他们为“愤男”。

在当今的社会与家庭里，“怨妇”与“愤男”到处都可以遇到。我通过研究发现，这类人小时候跟父母关系不好，跟父母的联结有缺失，或者经常得不到父母的关注及感受不到父母的爱等，这是导致出现“怨妇”“愤男”的主要原因。

抱怨、批评、指责、否定这类行为背后的深层需要大致可以分为以下两个：

一个是我被看见了，我被接受与尊重了。（存在感）

另一个是我是重要的，我有权利被聆听及爱护。（被爱、被需要）

解决的方向有三个，需要同时进行，完成单个或者任意两个都达不到好的效果：

一是消除成长过程中的创伤，重新与父母建立良好的关系。

二是重建自我意识及支持本人成长的心智，提升思维能力及生活技能（如沟通、人际交往等）。

三是身为他的伴侣，每次回应都不针对抱怨的事情，而专注于满足他的深层需要。

这一类的怨言及愤怒情绪，应该被解读为“我力量不足了，需要支持，需要增加力量”。这种情况就像球赛里喝一瓶功能饮料一样，所以请他吃顿饭，多夸奖他做得棒的地方，打打气就可以了。

## 可以偶有“小孩状态”的情况

前面已经跟大家介绍过“投射现象”的问题，这个问题背后的原因是这个人跟父母的联结没有充分完成便踏入本人的人生了，例如去外地念书、外出工作，或跟父母闹翻了等。这个人内心深处会有一股动力去完成这份联结，于是他会不断地找一个，甚至一些看似有力量的人当父亲/母亲，希望可以在其身上完成与父亲/母亲联结的深层需要。

投射现象普遍可见，想找一个完全没有投射现象的人简直是不可能的。

需要注意的是，“小孩状态”跟“投射现象”是略有不同的。投射现象有选定的对象（人），因为认定对方是父亲或母亲，相处过程中会提出要求，背后的潜台词就是“你应该给我的，你不给我就是不对了。因为你是我爸爸/妈妈，无须道理或原因，也不谈公平，甚至不需要说‘谢谢’”。这是潜意识里小孩子对父母的态度，在生命传承的先天性遗传事物里自然有的。若对方不给予，这个人就会感到委屈，也会感到失望，并且会担心失去了这份特权，因而不断地抱怨，表现出强烈的操控欲。

小孩状态是没有选定的对象的，在任何环境、任何人群里，都可能就会跑出来，操控这个人的思想、说话及行为模式。若他的要求被忽略或拒绝，他会感到失望、不开心，甚至愤怒，但是不会有委屈的情绪。他也可能根本不在乎别人怎样看他、对待他，想要什么就自己去拿（熊孩子是很好的模式标签）。两者比较，易于分辨的细节如表1所示：

**表1　“投射现象”与“小孩状态”的区别**

| 心理状态 / 观察方面 | 投射现象 | 小孩状态 |
|---|---|---|
| 人选 | 有特定对象 | 随时、随地、随人 |
| 行为标签 | 要求照顾（听我的） | 我是小孩，有特权 |
| 情绪标签 | 委屈、失望 | 不开心、失望、愤怒 |
| 内心状态 | 你应该给我的 | 我有自由按自己的意愿做事情 |
| 想要什么 | 有操控权 | 有不受约束的权利 |

在两性关系中，投射现象是连续性的，就像是两个人掉进一张渔网，越缠越紧，喘不过气，两个人都辛苦；而小孩状态偶尔出现，表现出一点点天真，可以给沉闷的生活带来片刻的清新，甚至会调节两人之间的气氛。只要不执着、不较

真，它是没有伤害性、破坏性的。试想，两人去郊游，或者放假去山野村落或外国风景优美、环境秀丽的地方游玩，两个人手牵手蹦蹦跳跳地前行，跳跳水洼，摘一束野花，能充分地消除疲劳和压力。

每个人内心都应该保留一个小孩。小孩的蛮不讲理、贪心、自私、不负责任、只吃不做的特质，对人生无利，不要也罢；但是小孩的那份天真、无惧、好奇、勇敢、爱尝试、不气馁、不断创新求突破、无心机、真诚坦白、积极乐观、喜欢助人、愿意分享等很好的特质，让我们越活越有动力、有信心，而且让我们能更好地对待其他的人、事、物，在接受与被接受、尊重与被尊重、爱与被爱方面做得更好。

我们成年了，当然需要有成熟的性格及心智，但是内心的小孩让我们内心不会变老!

## 婚姻中的信任

任何一个人，无论他是否愿意，都不可能对另外一个人绝对、完全地坦白，就算他想做到，都没有可能。对于任何发生过的事情，没有人能够说出其中的所有细节，因为总会有些细节、有些点点滴滴会被漏掉。

如果对方让你无法信任，你要想一想，到底是他的问题还是你的问题。对方过去的确很糟糕，让你没办法信任他，你也许根本就不应该挑选这个人做伴侣。你明知道对方说过的话从来没有兑现过，你还是要跟他在一起，那你还抱怨什么呢?假如不是他的问题，是你自己要求对方像上面所说的那般对你坦白，他不但无法做到让你完全满意，还会很快地厌倦这种生活，最终会离开你。

金融投资界有一句名言：不是风险有多大，而是你能面对风险的能力有多大。我们首先必须信任我们自己，把信任伴侣的那份感觉从他身上移到自己身上来。我信任我有足够的能力照顾我人生的成功、快乐，这才是最重要的、绝对的信任。只有那些不愿意照顾自己人生成功、快乐的人，才会把自己交给另外一个人，让他去照顾自己的成功、快乐，同时又不相信他会对自己好。因为不能相信自己能照顾自己，便也不能相信别人。这样，事事都会怀疑，两人的关系因此会有很大的压力。

所以，我们必须能信任自己：不管发生了什么，我都能照顾我自己的成功、快乐；我可以在相处的过程中觉察到他是一个怎样的人，在发生一些事情的时候，我能判断他会做什么，不会做什么，我信任我的觉察和判断。

如果你真的没办法信任任何一个人，那你最好不要结婚，先搞定你的创伤，不然对你、对对方都不公平。如果你没有办法信任对方，为什么要和对方一起走进婚姻呢？总不能像在澳门赌场扔骰子那样，靠运气来决定婚姻大事吧？

## 操控只会更失控

很多专家喜欢教大家掌握一些方法，让伴侣乖乖地受操控，他们的婚姻哲学崇拜操控，爱用“征服”二字。可是，谁会愿意一生都被人操控？我曾经看过一些文章，里面说“女人应该保持一点神秘，让对方摸不着头脑”，这是“让我操控你，同时不让你操控我”的意思。这是在捉迷藏吗？两个人每天生活在猜来猜去中，有可能相伴一生，做对方心灵的港湾吗？累不累？两个人要坦诚沟通本来就已经有很多困难和挑战，还要搞这些有的没的，那日子到底怎么过呢？

因为没有安全感而想要操控对方，只会产生反操控。假如用强势来让对方听话，就好像女强人用力量来压制对方，这个时候如果真有一个男人愿意和她在一起，就只会产生三种结果：

第一种，这个男人变成听话的小猫，而女强人很快就会对他不满意了，因为女强人有力量，有力量的人看不起没有力量的人，所以她会去找一个更有力量的。

第二种，这个男人会变得阳奉阴违，嘴上说一套，背后做一套，和女强人在一起的时候让她有足够的威风，转过身来自己在外面养情人。

第三种，这个男人受不了对方强势，最终两人劳燕分飞。

所以，不要以为操控、有力量就会有好的效果，结果往往可能事与愿违。不要把自己变成一个拼命抓东西的人，用一个比喻来说：如果花够香，自然可以吸引蜜蜂过来；如果花蜜够多，蜜蜂自然就会愿意留下来。在婚姻情感关系里，两个人之间没有真正的输赢，因为无论怎么赢都会赔上一些东西，但是，每当有操控与反操控的斗争时，结果就总是双输的。

这里有一个案例，分享给大家。

小红22岁时进入一家贸易公司工作，她的领导是王成主任。王成主任发现小红不爱说话，不会跟办公楼里多数女员工那样，扎堆聊天，对人品头论足、说三道四，而只是低头工作。她对细节很看重，所以交上来的报告写得都很翔实。年终考评时，王成给小红的评语是：一名沉稳可靠、可以信赖的工作者。

第二年王成主动约会小红，恋爱三年后他俩结婚了。婚后不到一年孩子出生，小红成为全职太太，不上班工作了。当王成以为幸福家庭、幸福人生已经稳抓在手里的时候，问题开始出现。首先，生活上的很多琐事小红都感到不满，向王成抱怨越来越多。王成现在已经是分公司的副总，事务日渐繁忙，工作辛苦，回到家还要听老婆的抱怨，很是烦恼。起初他以为小红可能有产后抑郁症，便多加呵护、迁就，哄她开心，可是很快就没效了。王成又以为小红是因没有上班工作，没有了自我价值而失落，于是看了一些书，做了一些新的尝试，效果是有的，但是很快又不成了。而且，小红开始怀疑王成所做的努力，甚至怀疑他在外面喜欢上了其他女人。

王成考虑到孩子需要很多的照顾，再加上家务，小红可能是太累了，应付不过来。于是他跟小红谈好，请了一个保姆来分担小红的家务，同时鼓励小红出去学习，参加一些她喜欢的课程、学习班和训练班等。

这样平静地过了不到一年，老情况又出现了，小红经常抱怨、指责、否定、批评王成，而且渐渐认定王成在外面有了另外一个女人，不爱她了。无论王成怎么努力，小红都说王成虚伪，只是想掩盖他在外面做的坏事。两人的争吵越来越多，慢慢地，家成为王成下班后最不想去的地方。

王成认为小红是无理取闹，小红认定王成外面有人。终于，两人分居了，一年后，两人办了离婚手续。

离婚之后，小红很伤心，人也变得很消极。离婚协议里王成答应给小红及孩子生活费，每月准时送上，小红的生活是没有问题的，但是小红思想上、情绪上及心理上的状态却一直非常糟糕。离婚后两人不再谈过去的事，为了孩子，两人每个月抽出半天陪孩子一起逛逛吃吃，好长一段时间后，两人终于可以像朋友般谈话。王成从旁观者的角度跟小红说了一番话，让小红得以从当局者迷的状态中抽身看看自己，她惊讶地发觉自己真的好像有点问题。

经朋友介绍，小红找到我为她做个案。这个个案差不多是二十年前发生的，但给我留下的印象很深刻。小红母亲的婚姻，差不多就是跟小红一样！这点当时让我非常震撼，原来小红努力在创造跟母亲一样的婚姻历史：

· 小红的母亲在怀孕的时候，小红的父亲出轨，在外面有了另一个女人。面对小红母亲的怀疑、质问，小红父亲的做法是不承认、逃避。

· 小红父母不断地争吵，相互指责，逃避问题，最终在小红不到3岁时离婚了。小红母亲辛苦地抚养女儿，同时愁、苦、怨、愤地度过每一天。

· 离婚后，小红母亲找到一份工作，靠微薄的工资维持母女两人的生活，父亲给予母女俩的赡养费很少，而且断断续续的，很不稳定。

这个个案促使我去搜索，然后发现外国心理学家在几年前（当时）就证实：胎儿会分享母亲的思想。这就是说，小红对丈夫的怀疑是“继承”了母亲怀孕时期的思想。小红没有在生活上跟父亲进行必要的联系，对父亲的经验记忆都是负面的，所以本人完全没有有用的经验让她能以更好的模式跟王成相处，也不具备有效地解读与处理问题的思维方式。

同时，小红对王成还有很大的投射现象，她对王成的“父亲情结”十分纠结：一方面，“你是我爸爸，这次绝不能放开了”，一不在自己身边就担心失去；另一方面，“爸爸背叛了妈妈，这个男人要不得，走”。王成坐上了这张凳子，也是要不得了。王成成了小红抱怨指责的对象。这股同时拉近和推开的对立力量，非常消耗一个人的心力，但当事人又无法自拔。

在家族系统排列里，导师常说“孩子总是努力在重复父母的命运”。如果没有处理好，小红的女儿（假如有的话）也会不自觉地要重复小红的命运，这就渐渐成了一个“系统包袱”。

这个个案最后的结局是好的。我的处理有了效果，两年后小红跟王成复婚，又生了一个孩子。王成创业成功，现在两个孩子一个在念大学，一个高中快毕业了，夫妻俩在自己的企业里很好地配合及协调，企业一直都在发展。

这个个案证明系统包袱是可以解决的，过去可能让案主一直伤、痛、怨、愤的问题，现在都有简单易用的技巧去化解，每个人都可以有轻松、满足的生活，成功、快乐的人生。

## 自我破坏的心态

数年前我接待过一位35岁左右、颇漂亮的女士。她的烦恼是无法有好的情感关系。下面是我们两人的对话。

我：你谈过恋爱吗？

她：谈过，很多次。

我：你结过婚吗？

她：结过两次，还有一次是同居，打算等彼此满意了再结婚，但结果失败了。

我：第一次婚姻失败你认为是什么原因导致的？

她：他出轨了。

我：第二次呢？

她：我怀疑他外面有人，他否认，我俩经常因此而争吵，后来发展成家暴了。

我：那么那次同居呢？

她：经历过两次痛苦，因此这一次我决定等确定两人能好好地过日子了，再去办手续。

我：结果是什么原因导致分开呢？

她：对方说我疑心太重，对他不信任，生活在一起他压力太大，是他提出分手的。

我：你觉得你疑心太重吗？

她：也不算疑心太重吧，做女人的当然会担心失去丈夫了，我就是常常担心有人把他从我身边抢走。

我：看来你那份担心成了婚姻失败的原因，你觉得是不是？

她：我也注意到了，但是我没有办法不担心呀。我父亲就是在我很小的时候，因为外面有了女人而离开了我妈妈。我的第一任丈夫也是一样，你叫我如何能够不担心呢？

我：在你的两次婚姻和一次同居经验里，开始的时候，我是说决定结婚及同居的时候，你俩的关系是怎样的？

她：都是很好的呀，不然我哪会决定结婚呢？就是结了婚之后，我才开始担心，而且越来越担心，回想那些时候，我是不停地在找证据证明他在外面跟别的女人搞暧昧。

爱情和爱是婚姻的基石，结婚后就没有了爱情，最终只剩下关心的“爱”，有人称为亲情，很多人则说是朋友之间的友情。如此，婚姻关系跟亲情、友情还有些什么不同，无非就是两人生活在一起了。（余下的理由就只是图个方便了？有人煮饭洗衣服，或者有人赚钱养家，只此而已？）

一般人的心理活动模式就是：越是害怕什么，就越是想着什么。而吸引力法则就是你越想着的东西就越容易被你发觉：不需要是真的，你认定有就是真的了，或者就可以当作真的去处理，结果就用“莫须有”的罪名给彼此带来伤害了。

英文有一句谚语“Seeing is believing”，意思是“我看到才会相信（是真的）”。而我们的心理活动的模式却不是这样的，而是“我只看到我相信的”，所以，我们有一个成语叫“杯弓蛇影”，泡在爱情中的人都陷进了严重的催眠状态，这个状态主观构建各种愿景、憧憬、梦想，大脑很容易让负面的可能性冲出来，搞起来一件“需要担心”的事。这点在没什么安全感的人内心更易出现，结果就是伴侣的不断解释、安抚、保证。试问，换作你是他，这样多次之后你会不会觉得很累、很厌烦，甚至气愤呢？

每个人都应该带着成熟的身心踏进婚姻，你没有准备好，不是伴侣的错，不应该由他负责，更不应该破坏一段良好的婚姻。所以，你应该去学习，掌握一些自我调整的技巧，处理成长过程中的一些不足的地方。

第九章

# 如何把婚姻经营好

## 制造浪漫

很多人觉得浪漫就是吃烛光晚餐、送鲜花之类的，结果重复了几次便觉得索然无味了。我给浪漫的定义是：浪漫是率性随意，不在乎旁人眼光及大众标准（当然，不得违法），不在乎成本地追求没有预谋的乐趣。

想要浪漫的人很多，真正懂得浪漫的人却很少。这需要一些条件：爱自由，有好奇心，追求美好事物，愿意不断增加知识和提升品位，懂的越多越好，但不一定需要很好的经济条件。最重要的是有一颗“不愿做听话乖孩子”的心。只要符合三赢（你好、我好、大家好），人生怎样快乐就怎样过，何须设限?

你说你不懂该怎么做，没问题，回去跟你的伴侣谈，两个人如何做来制造一些浪漫。不需要懂得很多知识、道理，只需要两个人愿意一同去想、去尝试。浪漫并不是终点，浪漫是一种方法，让两个人总可以产生更多新的、好的感觉的方法。

## 新婚生活里的磨合

生活里的很多事是很琐碎的，处理不好很容易影响双方的感情，特别是两个人刚结婚的时候，每个人十几年、二十几年养成的生活习惯现在需要调整，真的是需要磨合的，是需要时间的。我听过因为最小的事而闹离婚的，是夫妻俩争论刷牙之后牙刷应该怎么摆放。两个人走到一起，本来就有很多表面看起来很和谐但里面不一致的东西，但因为这么小的事影响婚姻的和谐，实在是没有必要。

你可以做一些事，来避免因为类似“牙刷怎么摆放”这样的小事导致婚姻破裂，或者至少后延婚姻破裂的时间，赚回一点时间用来学习、调整、培养、发展。

比如牙刷如何摆放，对方觉得怎么摆好就怎么摆好了，如果你为此觉得烦心，可以先问问自己“这件事重要吗”，可能你觉得很重要，因为你习惯了。然后再问“这件事比他更重要吗”，假如你觉得牙刷怎么摆放比你的伴侣更重要，那你早就应该离开他了。两把牙刷、两个杯子，各行其是，尊重对方的习惯，不就行了吗？

除了上面心智及思想的转变，更重要的是：不坚持“该怎样做”的行为模式，尤其是“听从他的也死不了”，我让你一次，你也让我一次，大家来约定，慢慢摸索出一套又一套共处模式。

从一个人生活变为两个人生活，这是很大的挑战。所以，爱一个人、恋爱及两个人共同生活完全是不同的。爱情和有效地生活在一起比单纯地爱一个人复杂得多。不要以为有了爱，另外两件事就自然地或很容易就能做好。如果你不准备改变以前的你（单独生活的你），你不可能跟另外一个人有效、愉快地生活在一起。一个经常说“我就是这样的”人，一定没有办法有幸福的婚姻生活，原因之一就是生活上会有很多不舒服、不开心的地方，这句话等于“我不愿意改变，你爱我你就改变”，让对方扭曲自己来迁就一个人，这种关系注定维持不了多久。

两个人生活在一起，要照顾的不是两件事。很多人错误地以为恋爱或婚姻只是两个人的事。若两个人的关系只有“我”或者“你”，则是一个对立的局面。事实上，两个人在一起有三件事需要顾及，分别是“我”的事、“你”的事和“我们”的事。顾及这三件事的意义在于，当两人出现分歧、产生对立的时候，“我们”就成了缓冲。彼此的事都照顾到了，两个人就很容易产生共鸣、达成一致。例如，有一天你想吃牛排，而对方要吃海鲜，当两人都不愿意让步，僵持不下的时候，解决问题的那句话可能就是“最重要的是找个地方我们两个可以轻松、愉快地聊一聊，一起度过一个浪漫的夜晚，对吗”。这句话两个人都可以接受，这就是“我们”。我们以前太习惯不是“我”就是“你”，即对立的态度，觉得“因为你爱我，所以你要迁就我，我更重要”，这是不平衡的，长此以往也会伤害到两人的感情。从现在开始，容许自己大脑里有一个“我们”的概念，每当两人谈得不顺利时，就把焦点放在“我们”上，很多问题就迎刃而解了。

## 夫妻间良好的沟通与互动模式

我们从孩童时代起，从家庭、学校里就没有学过多少沟通技巧。我们在成长过程中培养出来的习惯是“我这样说是对的”，所以我们总是为了“应该说”而说。

为了想说而说是小孩的态度，不是成年人的态度，一个成熟的人会懂得“说不重要，说出来有怎样的效果才重要”。要想达到你要的效果，你需要看一看所处的环境，看一看现在的情况是怎样的，对方的状态怎样，适不适合谈这件事。如果不合适，就意味着在现有的情况下沟通不会有效果，你还要坚持说，就只会搞乱两人的关系，有可能连下次沟通这件事的机会都没有了，你一开口对方就会很厌烦地说“你不要再说了”。如果这次你没说，下次也许就还有沟通的机会。

在婚姻关系里，这种情况是很常见的。比如你的伴侣今天在外面遇到了一些不开心的事，也许是工作不顺利，也许是和同事吵架，也许就是觉得很累，你在这个时候和他谈问题，就算是不重要的事情，他也会感到厌烦。为什么？因为你没有看到他处在一个很糟糕的状态，在那一刻他最需要的是你的支持、照顾，但你却在和他说其他的事，而且是他做得不对或让他厌烦的事，这时候他是不会有足够的内心力量去面对和处理的。

有些创伤，特别是亲子关系、夫妻关系里的创伤，拥抱是最有效的，尤其是对很小的孩子。有一次我在一个潜水度假村吃早餐，很多桌子、凳子都是摆在沙滩上的。我旁边一桌是几个年轻的外国男女和几个孩子。其中有一个孩子不到一岁，他一个人坐在凳子上吃早餐，突然，那个孩子摔倒在沙滩上，大声哭起来。

请猜一猜，他的妈妈会怎么做？也许会把孩子抱起来，告诉他“不要哭，不要哭”，然后找些什么来转移他的注意力。例如，告诉他“看，那边有帆船”；或者告诉他“没事，哭什么”；或者批评他“你看你多么不小心，我都告诉你要当心了”；或者用手打凳子，对小孩说“都是这个凳子不好，我们去换一张”；或者问小孩“哪里痛”，然后小孩哭得更厉害……那个年轻妈妈是怎么做的呢？她只是把小孩抱起来，小孩把头靠到妈妈的肩上，妈妈用另一只手按着小孩的背，让小孩更紧贴自己。妈妈一句话都不说，继续跟其他人聊天。那个小孩刚被抱起来时哭声更大了，可是慢慢地声音就小了，很快就不哭了。上面其他妈妈的行为焦点在事上：孩子哭、摔倒的原因，痛不痛……而这位妈妈的行为焦点是孩子和孩子需要的妈妈的爱。这就是爱！这才是真正的爱的表达。

## 女人的三个角色

当代女性有三个角色，分别是妻子、母亲和工作方面的事业人，要做好这三个角色不太容易，很多人会觉得是因为时间不够用，男性也是如此。可是你需要明白的一点是，如果一个朋友超过一年没有联系你，有一天你在街上遇到了他，你问他为什么不联系你，他说“对不起，太忙了，没有时间”，这时你是什么感受？

人是不会没有时间的，每个人每天都是24个小时，买不到，偷不走，是很公平的，所以不是没有时间，而是他认为做任何其他事都比打电话给你更重要。任何时候，你想怎么运用你的每一分钟是你的事、你的权利，你可以有很多种选择。也就是说，他只是选择做了很多其他的事，而没有选择打电话给你而已。我们很多人不是没有时间，而是没有好好地分配、运用时间。同一件事，是时间的分配以及效率的问题。

我们要明白，第一，人生有太多事、太多选择，我们需要用减法，不是增加，而是减少，这个是需要学习的；第二，如果你的时间真的不够用，你有小孩、有伴侣、有事业，你是需要做些事来处理好这三个角色之间的关系的。下面我介绍一个方法，让大家明白到底需要怎么做。这里我先分享一个个案，然后再具体讲解运用这个方法的技巧。

**个案：**

"我是做亲子辅导的，我在生活中的角色是母亲、妻子、事业人，还有女儿，一共四个角色。"

**处理步骤：**

第一部分

第一步，找出自己的可运用时间。每人每天都有24个小时，用24个小时减去你睡觉、吃饭等这类一定要做的事的时间，剩下的就是可运用时间。在本案例中，案主的可运用时间是12个小时。

第二步，案主统计出自己的这12个小时，分配在母亲、妻子、女儿、事业人这四个角色上的时间分别是：母亲3.5个小时，妻子0.7个小时，事业人3.8个小时，女儿1个小时。此时，她的四个角色所占用的时间一共是9个小时，还有另外3个小时，案主说她需要一些自己的时间。也就是说，此时她的角色实际上是五个：母亲、妻子、事业人、女儿、自己。具体时间及分配比例可用表1来表示，

表1　时间分配（现在）

| 时间分配 / 角色 | 现在 | | 理想 | | 目标 |
|---|---|---|---|---|---|
| | %（约数） | 时（个） | %（约数） | 时（个） | 时（个） |
| 母亲 | 30 | 3.5 | | | |
| 妻子 | 6 | 0.7 | | | |
| 事业人 | 31 | 3.8 | | | |
| 女儿 | 8 | 1 | | | |
| 自己 | 25 | 3 | | | |

案主认为此时的时间分配是不理想的，引导案主按照自己理想的方式调整时间分配比例。

第三步，引导案主调整时间分配比例。

问：现在觉得最不平衡的是哪一个？

答：作为妻子和女儿的时间，需要增加。

问：增加这两个的话，需要在哪里减掉？

答：事业。（案主开始哭泣）

问：不要太难过，我告诉你你现在的盲点在哪里。首先是我说的时间分配里的平衡，其次就是时间运用的效率。你有几个孩子？多大了？

答：一个孩子，10岁了，所以我觉得作为母亲和妻子的时间需要调整。

问：你的意思是说要减少作为母亲的时间是吗？减少多少？

答：我觉得时间上我不用那么多，所以可以减少5%。

问：作为妻子要增加多少？

答：可以增加到23%。

此时，调整后的时间分配情况如表2所示：

**表2　时间分配（理想）**

| 时间分配 / 角色 | 现在 | | 理想 | | 目标 |
|---|---|---|---|---|---|
| | %（约数） | 时（个） | %（约数） | 时（个） | 时（个） |
| 母亲 | 30 | 3.5 | 25 | 3 | |
| 妻子 | 6 | 0.7 | 23 | 2.7 | |
| 事业人 | 31 | 3.8 | 15 | 1.8 | |
| 女儿 | 8 | 1 | 20 | 2.4 | |
| 自己 | 25 | 3 | 17 | 2.1 | |

第四步，引导案主评估调整后的时间分配。

问：现在的时间分配你觉得可以吗？

答：可以。

问：对丈夫呢？每天有2.7个小时。

答：不多。

问：团队呢？1.8个小时而已。

答：感觉有点不够。

问：父母呢？

答：2个小时就够了。

问：多出来的时间加到哪里？

答：我觉得作为事业人应该是2.5个小时。

问：作为事业人2.5个小时的话，作为女儿就是1.7个小时了，你自己还有2.1个小时，这样可以了吗？

答：我觉得自己独处的时间可以拿一点到作为妻子那里去，妻子角色可以有2.8个小时。

问：那就是自己的时间是2个小时，妻子角色是2.8个小时，是吗？

答：是的。

第五步，引导案主用呼吸放松法放松，呼气的时候把焦点放在两肩上，让自己放松，然后，引导案主与潜意识沟通。首先感谢潜意识一直以来的支持，然后问它："你支持我这个改动吗？你支持我以后每天只用2个小时跟自己在一起吗？"问案主："它愿意支持吗？"案主回答说："潜意识有一点点不开心。""那么，你觉得潜意识希望你增加时间还是减少时间？"案主回答说："它觉得原来的3个小时是可以的。"也就是说，案主的潜意识希望与自己相处的时间维持在原来的3个小时。

第六步，引导案主再做一两次深呼吸，然后感觉一下。问案主："手按着胸口的地方，你的潜意识是几岁的小孩？"案主回答说："好像是一个小姑娘，20岁出头。"问问案主："20岁出头的小女孩，她很孤独，因为没有人理睬她，是吗？"案主回答说："是的。"

第七步，引导案主做"接受自我法"。

第八步，问案主：“现在感觉舒服吗？”案主回答：“舒服。”告诉案主：“当你充分肯定那份结合已经完成的时候，可以睁开眼睛。现在感觉怎么样？”案主回答：“身体会发热。”

第九步，告诉案主：“非常好，现在再看一看你的时间分配，与父母、与自己在一起的时间加起来是3.7个小时，是你可运用时间的近三分之一，需要调整吗？如果你觉得现在这样很好，不做调整也可以。”案主回答：“我觉得给自己1个小时就够了。”

问：“那多出的1个小时加到哪里？”

答：“妻子角色加到3个小时，剩余时间加到事业上。”

问：“妻子角色现在是2.8个小时，加到3个小时的话，也就是加了0.2个小时，剩下的0.8个小时加到事业上，事业人角色现在就是3.3个小时。现在，女儿角色还是1.7个小时，需要调整吗？”

答：我觉得女儿角色应该也不需要这么多时间，1个小时也许就可以了。

问：那么多出来的时间加到哪里？

答：现在就多出来很多时间了。

问：咦，时间现在够用了，真奇怪呀。你在事业上能想到一些方法进行快速调整吗？假如没有的话，你突然减少你的时间，事业会不会受到影响？

答：时间的调整不会对事业带来影响。

问：不会的话，那多出来的时间放在哪里？

答：放在母亲角色和妻子角色上。

问：各一半吗？

答：妻子多一点。

问：也就是说，母亲角色3.2个小时，妻子角色3.5个小时，对吗？

答：可以的。

问：现在感觉怎么样？

答：现在感觉更舒服了。

此时，案主的时间分配如表3所示：

表3　时间分配（目标）

| 时间分配<br>角色 | 现在 | | 理想 | | 目标 |
|---|---|---|---|---|---|
| | %（约数） | 时 | %（约数） | 时 | 时 |
| 母亲 | 30 | 3.5 | 25 | 3 | 3.2 |
| 妻子 | 6 | 0.7 | 23 | 2.7 | 3.5 |
| 事业人 | 31 | 3.8 | 15 | 1.8 | 3.3 |
| 女儿 | 8 | 1 | 20 | 2.4 | 1 |
| 自己 | 25 | 3 | 17 | 2.1 | 1 |

第二部分

第一步，案主侧向站立。以案主为中心，围绕其摆放三张白纸，三张纸上分别写上“母亲”“妻子”“事业人”。引导案主用呼吸放松法放松，告诉案主：“你是母亲、事业人、妻子，妻子对面是丈夫，母亲对面是孩子，事业人对面是团队，你站在中间。目前你人生里三个很重要的角色就是母亲、事业人和妻子，当然你也是个女儿，除此之外，你也要照顾自己。女儿和自己这两个角色先不谈，我们先来看看母亲、妻子以及事业人这三个角色怎么样。”

第二步，让案主先站到“母亲”的位置，引导她用自己的方式看到孩子在对面。

问：看得到吗？

答：看得到。

问：孩子有什么表情吗？

答：他很开心，可是感觉他好像不自在。

问：他不自在是因为你，还是因为其他事？

答：他觉得我把他看得太……

问：对啊，你的儿子已经十岁了，我说过，八九岁到十三岁是一个阶段，是孩子松开父母的手的阶段，你以为你爱他，就要用这么多的时间来陪伴他，但事实上这个陪伴对孩子来说其实是一种负担，因为你总是在他旁边，他就没法成长了。所以，这个已经是一种不必要的陪伴了，对不对？

案主点头。

第三步，引导案主对孩子说几句话——“孩子，现在我比以前看你看得更清楚了，我现在也明白，你已经开始进入了人生新阶段，要学会自己走路，不希望妈妈在旁边。我也明白，做父母对孩子最重要的事，是帮助孩子好好成长，培养出照顾本人人生的能力，所以我愿意坚持这个方向，来陪伴你，帮助你成长。我愿意给你更多的空间，我愿意帮助你学会照顾你自己，帮你培养做正确有效决定的能力。因此我会减少对你的照顾。”

问：你愿意吗？

答：不太愿意。

第四步，引导案主用她自己的方式感受她的父亲、母亲在她背后，告诉案主：“真正照顾你的是你的爸爸、妈妈，你不能在你的孩子身上获得那份照顾。”

问：现在好一些了吗？感觉怎么样？

案主点头。

第五步，告诉案主：“陪伴你走人生路的最重要的人是你的丈夫，不是你的孩子。我知道你会努力地做些事来改善和你丈夫的关系，对吗？”案主点头，引导案主继续对孩子说：“所以我以后陪伴你的时间，更多地变成跟你在一起，我们一同找寻快乐，找寻母子之间那份乐趣、那份幸福，让你在充满爱与知识的环境里成长得更好，更快地培养出照顾自己人生的能力。”问问案主：“现在孩子怎么样？”案主回答说：“孩子点头了。”引导案主告诉孩子：“当我看到这个效果的时候，我会减少陪伴你的时间，来证明你真的成长得很好，因为在我的人生里，更重要的不是你，而是我的伴侣。”问问案主：“现在你们两个怎么样？”案主回答：“他很好，我也很好。”

第六步，引导案主站到妻子角色上，并用她自己的方式看到丈夫。

问：他现在是什么表情？

答：眼神很深情，但是我自己有一点点抗拒。

问：我猜你们两个这么多年已经不知不觉地培养出一个模式，虽然你们彼此很爱对方，可是不愿意用行为表达出来，是不是？

案主点头。

第七步，引导案主对丈夫说："从你的眼神里，我看到你很爱我，我也是。我愿意增加陪伴你的时间，我愿意主动先去想如何改善我们的关系，改变我们沟通相处的模式，让我们在一起的时候能够更快乐、满足，有更多幸福感。我希望当你看到我做这些的时候，你也愿意有所改变，跟我一同去寻求这些可能性。"

问：你过去对他有什么不满吗？只说你愿意说的。

答：主要在沟通上，他比较生硬吧。

引导案主对丈夫说："我愿意学着多了解你，不是从你的语言去了解你，而是从你的行为，你的思想，你的信念、价值观和规条去了解你，让你知道我是多么在乎你。"

问：你的丈夫对你有什么不满吗？

答：没有。

引导案主对丈夫说："我让你看到我不是完美的，我让你看到我不够完美的部分，就等于你不够完美一样，让你感觉到我们是非常平等、对等的，你愿意这样做吗？"案主点头。告诉案主："那就好了，现在你丈夫的表情怎么样？"案主回答："他很开心。"问问案主："你开心吗？"案主回答："我也很开心。"

第八步，引导案主站到"事业人"上面，闭上眼睛用她的方式看到她的团队。

问：他们现在是什么表情？

答：很期待。

问：他们很需要你，对吗？

案主点头。

引导案主对自己的团队说："你们对我很重要，是我人生里很重要的、证明我价值的一块。所以，我很需要你们。可是同时我知道，作为你们的领导，我的责任是把你们带到更好的明天，而不是让自己比你们更忙碌，我的责任是帮助你们更好地成长，让你们做得更好。因为我知道，你们希望证明给我看，你们一定能够做到比我以为的更多、更好，我会努力学习，以帮助你们更好地成长，帮助你们提升得更快，让你们有更大的成就感。我特别信赖你们，所以我觉得在工作上我可以用更少的时间做得更好，你们也可以用更少的时间做出更大的成就、更好的业绩。”

引导案主继续对自己的团队说：“在帮助你们提升能力这方面，过去我做得不够多，我会花时间去做，我也希望你们能证明给自己看，你们是可以很快提升能力，可以做得更好的。”

问：说完了吗？你感觉怎么样？

答：感觉很舒服。

第九步，引导案主后退一步，睁开眼睛。问问案主：“现在看着你的三个角色——母亲、妻子、事业人，对面是孩子、丈夫、团队，感觉怎么样？”案主回答：“感觉更舒服了。”

第十步，引导案主闭上眼睛，用案主自己的方式看到她的父母。

问：你的父母，他们的表情是怎么样的？

答：表情很安详。

问：你看到他们了，他们也看到你了是吗？

答：是。

引导案主对父母说：“爸爸妈妈，我明白，我应该相信你们有充分的能力照顾你们的人生，所以我把你们放在我的心里。”引导案主感受父母在她身旁，而不是在她的面前，告诉案主：“无论你在做什么，在扮演什么角色，他们都在支持你。然后，你可以慢慢退到做女儿的位置。你知道的，只要照顾好你的人生、你的家庭、你的事业，做很多好事，让你身边的人可以更好，你父母就会很骄傲，很放心。”

问：现在感觉怎么样？

答：非常好。

个案到此结束。

通过这个个案，大家可以看到处理的技巧是什么样的。需要说明的一点是，在这个个案中，案主有一些其他需要，所以我一并处理了，也展示给大家看。一般来说，当代女性主要扮演三个角色，就是母亲、妻子和事业人，而个案中的案主又加了两个角色：女儿、自己。这两个角色在她的时间分配上所占的比例也是非常高的。于是我就猜想是不是她父母之间有很多问题，可是我看她没有这方面的感觉，由此可以知道，她父母之间没有什么太大的问题，可是她又坚持一定要给自己很多的时间，所以我就判断，是不是她内在有一个"我"必须照顾。每当有这样的信号出现时，就是内在有个"我"没有成长，那个内在的小孩需要照顾，所以我就帮她做了处理，在NLP以及《简快身心积极疗法》里，这个技巧叫"接受自我法"。这个方法用来处理自己成长过程中的创伤，很安全也很有效。你可以用这样一个态度来看创伤：在成长过程中的某个阶段、某个时间，我有了一个创伤，当时的那个我身心有一部分停止成长了，那一部分就停留在了当时的那个阶段。我照"接受自我法"的步骤来帮她完成充分接受自我的过程，完成之后，与父母相处的时间、与自己相处的时间就都可以减少。

一般来说，处理时间不够用的技巧分为两步：

第一步是先找出自己的可运用时间，然后填写表格，如表4所示。在通常情况下，"现在"的状态比较容易想到具体的时间，而"理想"的状态则容易先想到百分比。把具体时间换算为百分比时，±2%的差距是正常的情况，无须纠结。

表4　时间不够用的处理技巧

| 时间分配<br>角色 | 现在 | | 理想 | | 目标 |
|---|---|---|---|---|---|
| | % | 时（个） | % | 时（个） | 时（个） |
| 角色1 | | | | | |
| 角色2 | | | | | |
| 角色3 | | | | | |

第二步是与对方对话。闭上眼睛，用手按住胸口，想象对方在你面前，与他对话。对话内容如下：

首先，强调对方的重要性及对你的意义。

其次，告诉对方你能给予的时间，并承诺在可给予的时间里，你尽量追求更好的效果。

再次，要求对方的支持。

最后，告诉对方你爱他，或感谢他。

对话的简易模式为："我想……"→"我保证……"→"请你支持我"。

需要注意的是，每一次只与一位"对方"沟通、对话，当达到自己和对方都满意的效果时，换下一个"对方"进行沟通、对话。

时间分配是一个很理性的过程，当你把你的感觉量化之后，感性就变得理性了。在这个个案中，大家看到案主不停地在感觉—理性—感觉—理性中寻找平衡点，先看现在的时间分配是怎么样的，换算成百分比之后，案主发现时间分配不平衡，于是开始寻求调整。这完全是感性和理性在博弈，找出一个平衡点来让感性和理性可以相互支持。找到平衡点之后重新分配时间百分比，不断地调整，一直到自己觉得满意为止。

大部分个案还需要再加上一句话，就是"我明白了，我不应该只是增加时间，我更需要学会用更少的时间来追求更好的效果"。我在前述所展示的案例中没有引导案主说这句话，是因为对案主来说，她内心的纠结才是最需要处理的。

很多时候，我们的问题并不在于投放的时间不够多或太少，而是时间分配是否平衡。我在《重塑心灵》里列出了我们每个人每天做的所有事，按照意义分为十项，分别是：精神、健康、知识、修养、爱情、家庭、朋友、社会、事业、财富。如果对这十项进行打分，10分是满分的话，你会发现你不可能十项都做到满分，你甚至不可能十项都做到9分。事实上，有些目标你做到8分、9分之后，你马上会增加你的目标，然后这些目标马上掉到5分、6分。所以，真正让你觉得成功、快乐的感觉来自维系平衡，很多时候我们觉得很纠结，原因就在于时间分配不平衡。

## 变化带来惊喜

系统动力第一个也是最重要的一个特点，就是系统是不停在变化、不停向前方移动的。我们习惯性地硬要维持在以前的某一个状态而拒绝变化，是不符合系统动力特点的。如果你拒绝变化，你会发现你越来越落后、越来越累。总是希望能留住过去的一段美好时间是徒劳无功的。我们不能把美好的时光留住，但是总可以创造更美好的时光！

不断地变化、不断地追求新乐趣是本能，身体里的多巴胺就是快乐荷尔蒙。第一次产生一定数量的多巴胺，第二次多巴胺会少一点，第三次会再少一点……假如你不想它持续减少，你就知道这一次可以用这种方式给予刺激，下一次用另外一种方式给予刺激，让多巴胺总是维持在一定水平上。所以，变化才是维持快乐的真理。

生活在太多习惯里的婚姻会让感情慢慢变淡，不断重复旧的模式，两个人的关系很快就会平淡如水了。如果你们两个人已经过了几年很平淡的生活，想要创造一些新鲜感，最简单的方式就是重新布置家里的家具，有些外国人很喜欢一年换一次家具，就是为了制造新奇、新鲜感。也许你现在不想或者不方便换房子，那么最有效的方式就是换房子里的布置，比如换墙壁的颜色、换沙发套、更改客厅的布置、调整家具的位置等，大家一同探讨、一同尝试，很多乐趣就出来了。

任何好的东西都不能停止不变，所谓变化才是永恒的，包括关系里的平衡、稳定，都是不停地在变化的。发展进步里是包含着平衡、稳定，没有平衡、稳定我们根本无法走下去，而平衡、稳定也是在不平衡、不稳定里完成的。

如何经营人际关系，不断提升夫妻关系，就是不断有新主意出来，不要老是重复旧的做法。在职场及社交圈子里，要保持良好的关系，有一招很管用，就是“让所有人都欠你一点点”。假如所有人都觉得你总是给了他们105分，心里总是觉得欠了你一点点，那么你走到哪里都会有人愿意照顾你、支持你，对吗？反过来，如果我给你100分，你给我95分，我觉得不平衡，心里会对你有意见，以后就不愿意再见到你了。

在婚姻情感关系里也是如此，你要做到让对方总是有一份动力为你多做一点点，而不是让他总是有一份愧疚。这里谈的不是应该不应该，应该不应该是理性的事，我们现在谈的是感觉。

## 把情绪带回家

过去，很多关于婚姻情感的故事或“指导手册”都告诉你“不要把情绪带回家”，这句话的初衷是善意的，是想维持家里的和谐、平静氛围。毕竟夫妻俩你上班我也上班，两个人都很累、很疲惫，你还把情绪带回家，对方怎么受得了？所以，为了两个人关系的和谐，我们不要把情绪带回家。

这句话看似很有道理，实际上可能会引发很大的危机。你想象一下，某一天两个顾客莫名其妙地骂了你的伴侣，你伴侣的领导心情不好又骂了他，下班时他一肚子气，真的可以拉开抽屉把情绪和文件一起锁上，然后很轻松地回家吗？做不到对不对？那怎么办呢？他有情绪，他又答应过你不把情绪带回家，因为不想搞坏家里的气氛，那他就只能暂时不回家了。欧美国家有很多酒吧，这些国家的上班族都喜欢在下班后去酒吧喝两杯再回家，不仅可以舒缓身体的压力，也可以通过和别人的交谈来释放自己的情绪，压力消除了，整个人轻松了再回家。

如果你是一个坚持不容许你的伴侣把情绪带回家的人，那你的伴侣在有情绪时就只能找个酒吧之类的地方去找人倾诉。不知道什么时候在那些地方碰到一位愿意听他倒苦水的异性，你的伴侣就会觉得对方善解人意，明白他的辛苦，这样难免日久生情。所以，如果你对你的伴侣说“不要把情绪带回家”，出了问题后就不要抱怨，因为事情是你自己搞出来的。

那么，我们可以怎么办？很简单，告诉你的伴侣：“请你把情绪带回家！”在这个世界上，没有谁比你更有资格分享你伴侣的烦恼。因为你是他心灵最安全的港湾，就算你不能帮他解决问题，你至少可以用爱，用一个不带批判的心态来陪伴他、支持他。

伴侣是与你甘苦与共的那个人，有什么苦水、有什么情绪也应该一起分享，你不愿意跟他分享，就是说你不容许他做你的伴侣，或者你剥夺了他做你的伴侣的权利。我们可以把情绪、压力减轻，同时在回到家之后和伴侣分享，共渡难关，这才是正确的态度。所以，我建议你，请你的伴侣把情绪带回家。

## 你如何让他知道你心中有他

有些丈夫很能干，做很多事、解决很多问题都简单快捷，效果良好。按照“谁能干谁干活”的普遍原则，丈夫很快就成为婚姻里的管家、勤务员及劳动部长，而妻子就很愉快地当个娇生惯养的小女生了。的确，有些女性很享受做那个深受宠爱的小女孩，天天（也许会上班）逛、吃、买。如此，不需要多少年，她就真的只有小女生的心态及思维能力，而不能跟伴侣同风雨、共患难了。

很多女性其实是不甘心这样的，因为她在婚姻关系中没有了价值感。她是那个消耗者，而丈夫是那个贡献者。思想不成熟又不想做上述小女生的女性，便会处处跟丈夫争权斗胜，潜意识就是想证明给丈夫看：“我跟你同样有力量！”这是想争取心理上的满足，争取跟丈夫平起平坐的地位。她的这些行为可能跟她的成长过程有关。

思想成熟的女性，会跟丈夫在平时有很好的约定、默契，内心的定位清晰，不卑不亢，做一对“1+1＞2”的成功夫妻：一个主攻，一个主守；一个往前冲，一个守后方。

男攻女守是社会上普遍的夫妻相处形式，但不是一定要这样。凡是人的事都没有标准答案，只要两人谈清楚，两人都开心快乐地做，经常保持沟通，完全地开放、注重大局（家庭系统），怎样约定，重新约定，完全改变这个协议都可以！毕竟婚姻是两个人的事，婚姻生活需要两个人一起经营。在外国不难见到妻子工作养家，丈夫做家务照顾妻子生活，同时完成本人的博士论文的情况。在国内我也不止一次碰到类似妻子支持家庭、丈夫创业的情况。

两人心中有对方，才能共同肩负起家庭生活，有事总能一起讨论、策划，就是心中有对方。

心中有对方，最低的标准就是：

一、知道对方的生日、两人的结婚纪念日，及一些对方个人的资料。

二、对方最喜欢/最不喜欢的事物、行为，你会修正本人的思想及行为去配合。

三、对方在乎的人和事，你也会关心并为对方去做点事。

四、遇到两人共同的事总会询问对方的想法、感受及彼此的要求。

五、对未来的规划（婚姻生活、家庭活动、孩子的事），两人一起商谈、决定、执行。

## 赶走伴侣的八大绝招

婚姻应该是两个成年人决定互为对方的人生伴侣而展开共同生活的仪式，具体说来就是：

- 成年人——有独立人格，有完整的、健全的、法律保护的个人地位。
- 人生伴侣——陪伴及相互扶持的责任。
- 共同生活——一起承担、一起分享地生活。

婚姻关系中的两个人应该是成熟的、对等的、平等的，不分高低，两人以完全独立健全的身份生活在一起，不仅要相互扶持，更要相互照顾与保护。任何“一边高、一边低”“相互伤害或排斥”的关系、思想或言行模式都不符合上述定义，更是伤害婚姻关系的原因。

我二十年前就已经开展与婚姻关系有关的讲座、工作坊、课程等，常常有学员举手批评或投诉其伴侣是多么不好，有多么多的问题。有些学员会喋喋不休地诉说伴侣的不是，透露不必要的细节，重复那些不当行为的描述；有些学员甚至越说越起劲，就好像在谈论另外两个人的婚姻一样。虽然他们的动机是希望我告诉他们如何解决这些问题，但我对这种现象是很生气的，会要求学员马上停止说话。我说："任何人对我说他的伴侣如何不好，我都非常没有耐性，非常反感！"

首先，一个人对另一个人说第三个人的坏话，不管所说的是真是假，都已经有欠谦厚，缺乏素养，何况这个人是自己的丈夫或妻子。

婚姻的三点意义中的第二点是互为对方的人生伴侣，怎么可以这样对待自己的人生伴侣呢？第三点意义是互为对方的"心灵港湾"，让彼此休息、养伤、躲避风雨。如果知道他在外人面前如此指责你、否定你，你又怎能继续做他的港湾呢？

若他对你真的是如此重要，你会尽全力地保护他，捍卫他，对抗别人对他的攻击，在他与指责、否定他的人战斗时，你会跟他并肩作战，与他共进退。如今，你反过来在别人面前尽情地否定他、攻击他，这显示出你是怎样的人呢？

婚姻可以结就可以离，他不够好，结束婚姻不就结束了你诉说的不平、辛苦和痛苦吗？何需到处找人诉说呢？

在婚姻问题里，本来就有很多表面是受害者，其实却是破坏者、加害者的情况。因为不懂得如何经营婚姻关系，更因为欠缺成熟的心智及有效的思维能力，这种人往往只有美好的憧憬，而在婚姻生活中却天天在做破坏的工作……一步一步地走向了最想避免的结果：婚姻失败！

分析那些被我在课堂上叫停发言的学员的话，以及二十年来处理过的无数个案，我总结出了八种对婚姻关系最具破坏性的语言及行为模式：抱怨、否定、批评（指责）、嘲笑、斤斤计较、傲慢、说教和冷漠。

在很多电影、电视剧及小说中出现问题的婚姻关系里，都很容易找到这八大招的存在。任何你认识的人（也许包括你自己），如果婚姻生活不愉快，你也很容易找到它们的存在。

抱着这八大招过婚姻生活的人，内心是看不起自己的伴侣的，有一种"我高、你低”的身份定位，“不是我高，我是用一个丈夫/妻子应该有的标准来衡量，他的确未达标”。

互相支持、坦诚谈谈，一起提升、进步，这些都是正确的、健康的处理方式。不用这些方式，而改用前面说的八大招，事情一定不会有好的发展，因此每使出这八大招一次，都会把对方的心推远一点。

在这种情况下，有争执甚至吵架算是比较好的情形了，这还是“想解决问题”的表示，最坏的是对方不回应、不作声、找借口溜走，“我放弃改善情况了”，两人感情日渐淡薄，双方渐行渐远，婚姻关系裂痕不断扩大！

就算未曾学到怎样改善，也不要天天搞破坏。所以，如果你想要美满、健康、和谐、幸福的婚姻关系，马上戒掉这八大招吧！

## 定期检讨

你会每年做一次全身体检吗？这是很好的习惯，一旦身体出现什么问题，可以及早查出来，及早治疗。婚姻关系也是如此，应隔一段时间就来一次检查，我的建议是每六个月一次。

谁做“医生”负责检查工作？婚姻完全是夫妻两人的事，其他人没有资格做“医生”，社会上也没有“婚姻医生”，所以最恰当的就是夫妻两人平心静气地进行一次检查，共同讨论。

两人也可以每六个月去旅行一趟，不带孩子，不安排密密麻麻的行程，而是找一处宁静的、让人心情舒畅的地方，例如海边或山中的度假村。

在进行这种自查婚姻式的对话时，两人要记住，这是为了让两人的关系提升到更高的层次，让两人一起生活的质量更理想，有更多的轻松、开心、满足感和幸福感。两人必须小心，不要让自查婚姻变成找出一些否定对方、批评对方、指责对方的事情，更不是找两个人吵架的由头。具体说话方式及注意事项见表5。两人内心要先做好这个定位，更要在谈论的过程中努力记住，并且带着觉察去提醒对方，例如，一听到对方说出否定、批评、指责之类的话，就马上提醒对方。

对同一件事的讨论，既可以是良性的、有建设性的、为了找出更好方式的商讨，也可以变成否定、批评、指责对方的吵架前奏。

**表5　夫妻双方两种说话方式的比较**

| 有建设性的说话方式 | 带破坏性的说话方式 |
| --- | --- |
| ·没有批判语言的事件描述（“批判”是你主观决定的）<br>·录像机（看事情）模式，完全客观描述 | ·批判性语言<br>·直接用指责、批评的话语<br>·斥骂<br>·人身攻击 |
| 例：你一只脚穿着鞋子踏在椅子上。（描述） | 例1：（批判）你太不礼貌了，穿着鞋子踩在椅子上。<br>例2：（指责）你怎么可以有如此不礼貌的行为。<br>例3：（斥骂）你简直是混账。<br>例4：（人身攻击）你就是一个粗人。 |

那么，怎样把自查婚姻做好？自查婚姻不是找出“谁的错，该指责谁”。这样的自查是消耗性的（两人的力量减弱，两人之间的联结减弱），是伤害性的（可能导致指责、吵架，也可能导致关系紧张，逃避沟通）。

自查婚姻应该是找出谁可以做点事，让两人的婚姻关系变得更好。婚姻关系有点像逆水行舟，不进则退，无法停在某一个点没有变化，所有的“没有变化”只是外表，实质就是在倒退，只是两人没有觉察而已。

所以，每次两人坐下做检查时，应该——

一、预先调整心理状态。先自问和询问对方：“当下心境平和、思维正向吗？”如果差一点点，则可以用呼吸放松法等先进行处理。

二、做好这次检查工作的定位。两人应该先说：“我们今天的讨论是为了找出一些可以做得更好的地方，让我俩的关系比过去更和谐、更愉快、更幸福。”然后再开始自查婚姻。这句话不是走形式，而是内心针对这次讨论的真实定位。这个心理定位能确保讨论过程中两人的思想及言行不偏离方向。

三、讨论时，一次只谈一件事，不可以“玩串烧”（从一件事扯出另一件，再一件……），不可以秋后算账，陷入指责、批评、口水战里。在一件事情上达成共识后，再开始下一件事情的讨论。“问题搁置，留待下周末讨论”等，也算达成共识。

四、在讨论过程中，坚持正向讨论模式，绝对不准有指责、批评、否定、争论（是的，连评判对错也不准），坚持以下讨论守则：

守则一，哪方面的事。

守则二，我想要怎样的效果、结果。

守则三，我准备怎样做，愿意付出些什么。

守则四，想跟你商量出一个两人都认同的处理方案。

守则五，我不愿意看到什么样的情况出现，或付出怎样的代价。

守则六，我需要你的支持、帮助、体谅（可以要求对方做出让步，但不可以经常这样做，也要常常考虑自己应做出怎样的让步）。

守则七，通过讨论达成共识了，在这件事结束时，两人都应该说：“这件事，我们两人已经达成了一个这样的处理方案（两三句话说出最重要的部分），我接受并且支持这个方案，这是我的决定。”

守则八，每次检查讨论完成，都应该做个简单的记录，记录下编号、什么事（用最精简的一句话概括）、处理共识，方便未来提醒本人及对方做出有效的跟进。

## 怎样知道婚姻已经出现问题了

假如你记得婚姻的三点意义（见表6），这个问题不难回答：

**表6　婚姻的三点意义**

| 意义一 | 意义二 | 意义三 |
| --- | --- | --- |
| ·成立家庭，给新生命提供最好的身心成长空间<br>·“家”从来都不是房子，而是“人”，一间没有父母的房子，只是生活的空间，就等于酒店房间。只要孩子跟父母在一起，就算没有房子，天天流浪，夜夜换住所，孩子也很安心，有家的感觉<br>·家人同在一起才是家。父亲或母亲总不在，家就不存在或者有残缺<br>·家庭是因婚姻而成立的，由两个人组成（夫妻，及有了孩子后的父母身份），夫妻之中只有一个，另一个总是不在或不想回家，这第一点意义就无法实现了。所以，不想回家的感觉就是一个清晰的信号：婚姻出现问题了 | ·人生伴侣的身份，一起走一辈子的人生路。对“陪伴”一起走“一辈子的人生路”已经失去兴趣、动力、感觉的，就是直接而简单的婚姻出现问题的信号 | ·做对方的心灵港湾，在对方那里找到心安之处。如果这点感觉不在了，甚至跟对方说话的兴趣都没有了，这也是婚姻出现问题的信号 |

以下是一些更具体的自我评估问卷，我列了八条，你可以对照着看一看：

第一条，在外面比回家更轻松。

第二条，在家里与伴侣没有话谈。

第三条，不想见伴侣，面对伴侣有压力。

第四条，跟其他人在一起更开心。

第五条，对伴侣不满意的感觉增加了，但又不愿跟伴侣讨论。

第六条，对伴侣没有了坦诚。

第七条，经常羡慕其他夫妻。

第八条，两人之间只是苹果皮式的和谐（表面光亮，里面已经黑了、坏了）。

如果上述情况在你的婚姻里已经出现超过两条，你真的需要好好关注一下了。如果两个人已经建立了良好的沟通机制以及做了定期检查的约定，你们两人便可以及时地觉察及处理问题。冰冻三尺，非一日之寒，问题刚出现时就予以解决，婚姻关系就不会出现大问题。

第十章

# 如何与老人家相处

中西方文化有很多差异，其中一点就是老人家的生活模式。

外国人性格比较独立，不大愿意听别人的安排，很多人年纪大了之后都愿意自己住，而不愿意去依靠子女；而在中国人的观念里，“老来从子”“上有高堂，晨昏定省”“父母在，不远游”是很核心的部分。虽然现在的社会生活方式有了非常大的变化，但是这些观念已经深入我们的骨髓，没这些想法、做法，就可能被指责为“不孝”。

## 大家庭

中国人喜欢大家庭，四代甚至五代同堂是家族有大福分的具体表现，亦是全村、全镇的骄傲。其实，关于“大家庭”，有很多现实的问题需要考虑。四代、五代不是问题，但如果是“同堂”，几代人生活在一起的大家庭模式，则容易出现问题。

家庭由两人结成夫妻而组建起来。新生命诞生了，两代三个人就形成了一个“▽”形的组合，上面左、右两边分别是父（夫）及母（妻），下面的尖角是孩子。人的系统需要有领袖——带领系统走向未来的人，也需要分出尊卑，即（系统里）序位的高低。人人都要有自己清晰的位置，才可以守好本人的位置，扮演好自己的角色。中国传统对序位的礼节是十分注重的，例如辈分高低决定在大集会或饭局里谁有资格坐主位，谁只能坐次位；在长辈动筷之前，后辈是不能开始吃的。

也就是说，系统里需要有个老大。在三人的小家庭里，传统上就是那位男士（丈夫、父亲）是老大，那么在一个三代同堂的家庭里，谁是老大？谁说了算？论辈分应该是祖父（系统动力学里称为“先到为尊”），或者应该是父亲（他在系统里维持系统成员的生活需要，是最有力量的成员）。

四代同堂，五代同堂，有喜庆活动时，所有人面上都有份骄傲，但在平日生活里，究竟谁应该当家做主常常是个大问题。处理得不好，则可能导致家族内部斗争以致衰败。

当然，如果老少两辈的成员都有成熟的心态，事事都以家族全体利益而非私欲为先，懂得让最有头脑及力量的成员做老大，整个家族所有成员都可以有更理想的家庭生活质量，家族也可以继续发展壮大。

小家庭制度（尽量以“▽”形为基本模式）则容易解决上述问题。在小家庭中，那位男士（丈夫、父亲）是老大；当他去到父母的家里，他就变成小孩的身份，他的父亲是老大，他父母的地位都比他高。而当他带着妻子与孩子去到父母家时，鉴于他本人是“低位置”的成员，那他的妻子及孩子也是一样。

这里有两点要注意：

其一，在一些有特殊情况的家庭里，妻子（母亲）是老大，负起当家的责任。比如，丈夫有残疾，或因伤病长期卧床，或性格懦弱怕事，主动让位给妻子当家等。

其二，如果经济能力能够负担，最好的处理方式是使二老和自己的小家庭分开住，在一个小区或楼上楼下就可以，这样小家庭就能够经常甚至天天去他们那里，把两个“▽”形小家庭和谐地联系在一起。这样就算二老有什么突发情况也可以马上照顾，二老亦会感觉这样跟与小辈住在一起没有什么不同，人人生活都多了空间，减轻了很多压力，少了很多争执。如果经济不能负担，需要同住在一起，也可以在生活空间及心理上做出两个“▽”形小家庭的区分。例如，三代人一起吃饭，心理上就认定是二老家的“▽”形状况；若只是年轻的父—母—子三人一起说话、看电视、玩游戏，则认定是年轻人家庭的“▽”形状况。

## 这一代老人家的心态及三观

在我们的家庭里，亲子关系应该怎样处理基本上都是来自“我父母如何待我”的经验，也就是将父母用在“我”身上的模式复制到自己的孩子身上。而父母带给我们的那套则是来自他们的父母、他们父母的父母、他们父母的父母的父母……

今天我们有机会学到这些学问，在婚姻关系、亲子关系、家庭关系，甚至个人心智模式和思维能力方面，都可以找到很多书籍及学习的机会。而这些机会，我们的父母可能并没有！

我们今天生活的时代是如此安全、丰盛，如果心中易生怨愤，指责父母的种种不是，那么让我们静下来，想想在至少三代人的岁月里，身为父母的生活是多么辛苦，有些甚至连生存都得不到保障，更完全无法学到一些知识去帮助他们的孩子成长得更好。纵然不能接受父母种种不合理的言行、态度，我们也需要体谅，因为他们没办法做得更好了。

父母对任何事的心态和三观都会在很大程度上影响着孩子对任何事的心态和三观。你父母把生命传给了你，用各种你认同或不认同的方式让你成长至今，他们已经做了他们能力内能做的全部，那些他们想不到的、不懂的或不愿做的，他们是无法做出来的。你既已经成年，有独立的能力及权利照顾自己，完全可以不用他们的心态和三观去做事及照顾自己的人生。从这个角度看，他们的心态和三观已经与你无关了。

放下想让父母改变的心，改用配合、顺应的态度，再配合后文提供的思想及行为指引，反而有可能让你的父母做出改变。

## 老人家的需要

很多人小时候都有很多抱负，年轻时会努力增加自己的各种知识，提升自己的能力，扩大自己的资源，更会尝试创业、组建家庭，追求财富或者成就。

到了老年，不管追求的梦想是否已经实现，都会发现自己的能力下降了，身心开始衰老，这些都在提醒他人生的时间不多了。或者他退休了，少了工作的操劳，但同时能操控事物的权力及能力也减弱了。人生到了这个阶段，假如心智未曾成熟到一个具有足够智慧的高度，很容易就会出现如下情况：

· 不安全感：无力照顾人生。
· 焦虑、担心：时不我与、事情变坏。
· 失控感：不能调控、掌舵。

到了这个阶段，老人家内心往往觉得唯一能够操控的就是自己的儿女，所以会对孩子有特别多的要求、抱怨。

当然，老人家对自己的伴侣也有类似的态度，伴侣感受到后也会转移到儿女身上。

很多人不了解这些，往往在有关的事情上、生活的问题上跟老人家纠缠，跟他们讲道理，或者干脆企图用一两句话把老人家“打”回去。老人家往往也会回以同样的态度，或者争吵，或者喋喋不休，或者用不开心来让孩子屈服。做孩子的就算每一次都投降，却没有真正解决问题，因为同样的情况会反复出现，做孩子的只能束手无策。

很多作为儿女的成年人被老人家搞得走投无路，双方关系十分紧张。如何解决？唯一的办法是了解老人家的心理需求，减轻他们的不安全感、焦虑、担心和对事情的失控感。

在这里，我要特意说一下我对“尽孝”的一些看法。老人家生病垂危之际往往是亲友最难受的时刻，老人家一生里该做的、能做的都已经做了，现在病痛缠身，往往连维持一个有尊严的形象都困难，为何还不让他走呢？要老人家继续受苦，而自己又不能做点什么让老人家感觉好一些、舒服一些，这是很大、很残酷的自私。

事实上，子女这样强留着老人家只是出于自己的内疚！“树欲静而风不止，子欲养而亲不待”这句话常常用在当子女的想尽孝，老人家却已经不在人世的情况。

父母从来都不需要你的事业有多成功，不在乎是否让他们住豪宅，让他们过珠光宝气的生活，他们宁愿孩子少赚点钱，事业成功得慢一点，多花点时间陪伴他们！趁老人还健硕、清醒时，孩子们应多回家住住，带他们去游玩……有些子女给出的“理由”，诸如事业成功、豪宅等全都是借口，这些借口让他们一方面能一直躲在后面不去尽孝，另一方面在老人家离世后反而表现出遗憾、内疚，而且这份遗憾、内疚会一直伴随他，让他无从逃避！

我遇到过这样一个个案：男，38岁，事业、财富都还可以，住在南方某大城市，两次婚姻都失败了。我发现他潜意识里根本不想要婚姻。

他十多岁离开家之后一直没有回老家，他的母亲已经生病卧床十年，而且随着年龄的增大，病痛越来越多，越来越严重，他却一直坚持要等事业更成功、财富更多后才回去。我问他怎样才算“成功”“财富更多”，他说不出来，同时又很担心母亲随时会病逝。

我对他说：“假如我是你，我会用一天时间做好工作上的安排，然后马上买飞机票回家，陪伴母亲至少三个月，再考虑下一步。”

他内心担心母亲会责怪他一直没有回家，同时又觉得自己事业不够大、财富不够多，母亲会觉得他不成功，因此他一再推迟回家，然而他又很担心母亲未见到他就离世。事实上，他是在“蓄意”制造他将来会背负一辈子的遗憾与内疚。

其实老人家都知道自己剩下的时间不多了，最大的希望就是跟孩子开开心心地待在一起，相比之下，其他的物质生活并不是那么重要。

## 对老人家的有效引导

我们跟老人家沟通、互动、相处，想维持一个融洽、和谐、愉快的氛围，甚至想老人家有满足、安心、幸福的感觉，应该先修改一下我们的行为准则。

我们想要的——

老人家平静、开心、有幸福感。

我们与老人家能很好地相处和沟通。

我们没有必要做的——

证明我们说的才是对的。

教他们什么来证明我们更优越。

所以在和老人家沟通时，我们要专注在“我们想要的”那些方向——

灵活地岔开话题，不接招。

山不转水转，当老人家坚持聊一个你没有话说的话题时，你就转向他一直很感兴趣的话题（这需要你平时细心观察）。

如果老人家还是坚持聊你没有话说的话题，那不妨找个借口提早离开。

把压力转为共同愿景。为什么要谈共同愿景？第一，梦想总是要有的；第二，心中有了这愿景，自己工作就更有动力了，这会让老人家思维更正向，开心的憧憬多了，负面思想就相对地减少了。比如，你的经济能力负担不起给老人家买房子，以前总是避开这个话题，现在不妨主动跟老人家谈理想的房子应该是什么样的，一步一步地在老人心中描绘出这房子的样子，每次就用它来改变话题。

## 跟老人家的相处

针对老人家普遍存在的不安全感、失控感，以下的相处模式可能会很有帮助，这包括——

一、请他分享他年轻时突出的成就、一些证明他很有力量的往事。

二、老人家比年轻人更强、更多的就只有一项：人生经验。所以，当你借个题目向他请教，请他谈谈他的经验时，他就会越说越兴奋、越说越有劲。

三、告诉老人家你欣赏、敬佩他们的地方，这会加强他们的存在感，也就是让他们感到活得有价值，他们心中的力量便会增加。

我从来不教人说假话。你不认同老人家说的话，又不应说假话，那么可以怎么做呢？你可以这样做——

一、改变话题："这事改天再谈。"

二、对他们说："你说的话有道理，我要好好地思考一下。"

三、把"球"交给他，说："你说的我觉得有点困难，有其他可能性吗？"假如他给你压力，你就退回到上面的"这事改天再谈"或"你说的话有道理，我要好好地思考一下"。

总而言之，不要跟老人家在语言上进行对抗。他们很容易受伤，而他难受，你就会更难受。老人家会因面对自己力量的减弱而担心、恐惧，所以让他说一些能增加他力量的话题便能增强他的自信。以上的相处模式全部都是对症下药，能够很好地应对老人家内心力量不足的状况。

## 应该让老人家照顾孩子吗

社会现下普遍的情况是：年轻人上班或创业，孩子则让父母照顾。

这样的安排从表面上看是一举三得：

其一，把年轻人的时间释放出来，更能专注在事业、赚钱上，毕竟赚得更多，全家受益。

其二，老人家清闲在家，对孙子又特别喜爱，天天有孙子陪伴逗乐，就像成语里说的"含饴弄孙"，是老人晚年的福气。

其三，小孙子成长需要有人在身边给予很多的照顾，年轻人忙，老人家空闲，把孩子交给老人家照顾，年轻人就可以放心出去打拼了。

然而，上述三点其实隐藏了很多严重的、伤害这个系统发展及壮大的、正逐渐成为系统包袱的问题：

第一，每个人与父母的联结都是非常重要的一件事。与父母充分地联结才能产生足够的人生动力、正确的三观及有效的思维模式。这份联结是否足够包含两个情况：

一是孩子与父母有充分的联结，孩子从父母那里获得了足够的人生动力、正确的三观及有效的思维模式。

二是孩子与父母没有充分的联结，孩子成长后觉察到自己在人生动力、三观和思维模式方面存在不足，然后凭后天的学习及练习进行了弥补。

今天的父母在其成长过程中无法从他们的父母那里获得足够的人生动力、正确的三观及有效的思维模式，长大后亦没有学到，不过如果他们能够多陪伴孩子，跟孩子有充分的联结，或许可以让孩子避免重蹈他们的覆辙。但是对留守儿童来说，父母陪伴其成长的时间很少，这方面是完全空缺的。

第二，把年轻的父母从照顾孩子的责任中择出来，孩子成长后内心的缺失会很严重。这种缺失是祖父母或任何其他人都无法补足的。看社会犯罪分子的成长背景，无一不显示出这份缺失。这样的孩子也无法好好地学习。

年轻的父母把陪伴孩子成长的责任放下，腾出来的时间真的全部用在打拼、赚钱上了吗？不管是或不是，都不是好事——

若是，则可能会培养出对钱过度重视的性格，财富或许会成为他成功身份的支持，但是过度被金钱牵引，可能就很难体会到满足快乐，且与人情感上的联结会变弱。与孩子再次一起生活时，双方的感情可能会变得很淡薄。孩子成长过程中的缺失，很难有效补回。而这样的父母在面对孩子时也会感到无力、内疚。

若不是，那他们的空闲时间可能更多地用来耍乐：赌博、交际、喝酒、吃饭、发展有破坏性的感情关系。不少的社会问题和家庭问题，如赌博、酗酒、吸毒、婚外情及婚姻破裂等，都是由此产生的。

第三，老人家那套亲子关系“该怎样做”是来自他们的父母那里，“他们的父母”那套是孙子三代之前的。四代所处的环境已经完全不一样了。而作为第四代，孩子成长起来后，他的人生要面对的世界比现在的要复杂得多，简直无从想象。老人家灌输那些三代前的三观及思维模式给孩子，我担心你的孩子在面对30年后他人生里的困难时，就很难有活路了！年轻人（父母）跟老人家在教导孩子的事情上有很多的不同意见，经常有争吵、斗气、争执的情况出现，也会导致夫妻关系紧张。追溯原因，还是自己当初把孩子交给老人照顾开始的。自己是始作俑者啊！一旦交出照顾孩子的责任，很难不伤感情地收回这份责任。

孩子在祖父母溺爱下成长对孩子伤害非常大。在不少案例中，当父母结束外地工作返回家中的时候，孩子甚至不愿意叫他们爸妈！熊孩子是不可能独自生活、照顾本人人生的。不被其他人接受，唯一显示力量的方式是搞破坏。（显示力量就是人们常说的“刷存在感”，是内心不安全感的具体行为表现模式。）

所以，回归原来生命传承的安排才是正途：有了新生命，就让他在父母的陪伴下成长，父母用足够的时间给孩子营造轻松、快乐、满足的家庭生活。这样，孩子才有最好的成长空间，能够充分培养出照顾本人人生的能力。

第四，当老人家已经完成了他们人生里工作生涯的过程，身心开始衰退了，从工作中退出（也就是退休）后，应该享受颐年之乐，他们的生活应该是没有压力的，而只有乐趣、欣慰。现在年轻一代为了赚钱，赚更多的钱，背井离乡，把孩子交给老人家，一年都不回一次家，美其名曰多赚些钱让老人家老年时可以享更大的福。其实，没有哪个老人家想要更多的钱，他们更想要的是孩子多点时间在身边，多点时间回家探望他们。

## 老人家的退休生活

过去很多人对“退休”二字的理解不是有错误，就是不全面，例如：

- 工作做不来了，身体羸弱、有病，所以需要退休。
- 退休就应该休息，什么都不做。
- 身体状况良好，为什么要退休？
- 退了休还可以做有工资的工作吗？

一般情况下，退休是指劳动者因年老、部分或全部丧失劳动力而从已经从事多年的行业或工作岗位上退下来，相关的工资及福利亦相应地调整。退休人员可能会继续担任减少劳动量的有偿工作，但亦有可能从事公益性质的工作，或者转向研究学问、技术，或者把时间放在个人喜爱的事物上，同时本人慢慢地衰老，踏进老年阶段。

大部分人退休后都是选择一些压力及精力投放大大减少的事务。老人家已经把人生中最宝贵、最有精力的几十年贡献给了家庭及系统（企业、社会、国家），他们有充分的资格与权利选择度过余生的方式，其他人，尤其是子女，不应该横加干涉或操控，更不应该妨碍老人家去做本人喜欢或想做的事，处处以“为了老人家好”的借口去操控老人家的生活。

从旁看到老人家做你不认同的事，若老人家愿意，你也许可以给他一些意见、建议。如果老人家不愿意听从，亦是他的权利！以下是一些常见的事例及有效的处理模式。

若老人家选择服用一些你不认同的保健品，建议你先深入研究并收集资料，若无害而只是浪费一些金钱，且数目不是太大，告诉自己：老人家辛苦了一辈子，有权利、有资格浪费一点钱；若有害，则把权威资料给老人家看，然后咨询医生或把保健品送去检验，若涉及金额太大，带着资料去公安局，咨询是否有可能是非法传销或卖违禁品。

若老人家独自生活，没有伴侣（丧偶、离婚），很有可能坠入爱河，子女在大方向上应该抱支持、鼓励的态度。老年时可以再次感受到爱与被爱的滋味，是很难得的机会。在具体的人选上，若子女不认同老人家的选择，提醒自己：这是别人的事，你无权干涉（连邻居、朋友的事你都管不了，何况是你的长辈？你有什么资格可以这样冒犯父/母亲）。友善的态度反而能让你从旁看得更清楚，就算是没有结果的一段爱情，对老人家来说也是很难得的呀！若你担心老人家受骗，可以深入了解一下对方（用你想得出的方法，收集一些无可辩驳的证据给老人家看），假如真的是骗局，则紧守钱包，也劝老人家在看清楚之前不要花大钱。若老人家就是不听，则告诉自己两点：一是，老人家自己的钱，他有绝对权利决定怎样花；二是，老人家看到真相心碎时，给予其真诚、没有鄙视的爱及支持。

老人家越来越老，很多问题会日渐出现，给子女带来很多煎熬、忧虑。子女需要多思考，让自己在心理上增加一点点力量：

· 每个人有来到世界的一天就一定会有离开的一天，这是必然的、不可避免的，珍惜跟老人家在一起的每一天，多为他们做点事，这样老人家离世后才不会留下什么遗憾与内疚。每当考虑要不要为老人家做一件事的时候问问自己：若不做，他日会有遗憾、会内疚吗？

· 不要去做超出本人能力的事情，这会伤害到家人的安定生活。也不要做会给其他系统，包括社会带来伤害的事，因为这样会让老人家带着遗憾及内疚离开世界。

· 用这样的思维模式来看待这个问题：有一天你本人也会变老。如果到了老人家现在的年龄及状态，你希望子女怎样对待你？

## 善终辅导

每个人都会有老去的一天，身体衰败，疾病缠身，最终死亡。这一点人人都知道，但是眼看着自己的父母经历这个过程，尤其是走这人生的最后一段路，子女是非常悲伤难过的。这份悲伤难过，是父母对我们的非常有特殊意义的认证，不可避免，无法用技巧消除。若试图逃避它，则会造成更大的身心问题。

当父母病情进入最终阶段时，很多人用“怕老人家接受不了”的借口而选择对他们隐瞒这个消息。这对老人是非常大的不尊重！我们没有权利剥夺任何人的知情权，这是他的人生、他的权利，他是最应该知道这个情况的人，而他有权利不让任何其他人知悉。

他剩下的时间已经不多，也许他有一些心愿或者私事想在离世之前进行处理，对他隐瞒病情已进入最后阶段的消息，最终只会让他带着遗憾离去。

有时子女对老人家隐瞒病情，其实是他们自己内心软弱，不能面对这个信息。

当年轻的一辈能够面对、能够带着悲痛告诉老人家剩下的时间不多了，就能够跟老人家谈谈，他还有些什么心愿想完成：

- 想做而未做的事，想去而未能去的地方。
- 想再见某些人。
- 有话想带给某些人。
- 有些事情想完成。

带着平静和尊重（不否定、不批评、不阻拦）去思考能够为老人家做多少。能做多少就做多少，这是在减少老人家在离世时的怨、愧、悔、憾，让老人家走时多一分安详、平静、尊严。

- 怨：事情效果不好，认定是别人的责任，心怀怨愤。
- 愧：事情效果不好是自己造成的，心中有愧。
- 悔：做了不该做的事，心中懊悔。
- 憾：应该做的没有做，心中有遗憾。

“愧”及“悔”需要老人家做点事以达到平衡；“怨”需要老人家把操控心收回；“憾”则需要子女等为老人家努力完成，给出承诺。

老人家的身后事，也应在他生前说清楚，特别是以下问题：

- 财产的分配，权利的安排，立好遗嘱。
- 葬礼的方式，以及一些特别的要求。
- 一些可能有的遗愿，要代为传达的信息等。

有关的技术性、礼仪性安排，应预先选好服务提供者，并与他们建立联系。还应该约定数个可以信赖的好友，到时协助你做好这些事。老人离世引起的悲伤情绪以至家人可能出现的情况，尤其是有其他年老、体弱多病的家人，或家族人数较多，需要有人协助协调、联系等工作。

老人家离世引起的哀伤情绪是正常的，不应亦无法有效消除。正确的态度是接纳这份情绪，积极地投入生活和工作。不要急于驱走这份情绪，带着这份情绪，专注于做好每天的工作，过好每天的生活，落实好自己每天的责任。

第十一章

# 婚姻出现危机

## 错不在第三者身上

婚姻可以划定一个两人的心灵空间，这个空间应由维持爱情的动力填满。两个人的心灵空间就像两个方形的盒子，每个盒子里有一颗心，两颗心就像两只氢气球，需要两个人不停地做事，不停地打气进去，才能填满整个空间。如果两个人的动力不断地减少，慢慢停止打气的话，气球会慢慢瘪下去，就开始有空间出来。这个时候，两个盒子里就有足够的空间容纳第三个人，第三者的问题就出现了。

很多人在刚认识对方的时候都是动力满满，两个人朝着同一个方向前进，用两个人的动力把两个盒子填满。双方选择结婚，结婚之后两个人共同前进的动力渐渐不足。旧的方式和方法越来越没有感觉，新的方法又没有找出来，盒子里的空间因此越来越大。有了这样的一个空间，不管第三者是姓张还是姓王都会来。所以，永远是里面先产生了问题，外面才出现婚外情、第三者的情况。

如果你说他就是这样的人，他就是喜欢这些，那对不起，你需要为自己做的决定负责任，因为当时你没有看清楚他是这样的人，或者你看清楚了，可是你还要坚持和他在一起，那么后果你需要自己承担。

在两个人的关系里，无论发生了什么事，都不是一个人的责任，而是两个人的责任。他有外遇是他不对，他做了不该做的事，可是你有没有看一看，哪些事是你该做却没做的？

## 当爱情只是一件工具

现在有很多人还停留在“婚姻就是爱情的坟墓，我准备进坟墓才结婚”的认知阶段，如果两个人都是这样想的，其婚姻情感关系一定会出问题。因为对他们来说，爱情只是把对方追到手的工具而已。结婚之前拼命追求对方，说尽所有好话，做尽所有好事，就是为了把对方骗到手。婚后不久，男的不再送花了，女的也不再打扮了，问他们为什么，他们回答说“老夫老妻了，不需要这一套了”，真实的意思其实是：追到手了，无须浪费了。

这样的话，婚姻如何能不败？

## 婚外情的多样化

婚外情有很多种形式，千奇百怪，什么样的都有，比如夫妻两人在外面各有情人。我有一个案例：夫妻两人都很有钱，他们有两个孩子，家里请了两个保姆，孩子和保姆住一楼，老公住二楼，太太住三楼。夫妻两人在外面各自有另外一个人，平时他们会一起手牵手去开会、参加喜宴之类的，告诉全世界“我们很好”，可一到没有人的地方，就马上松开手，一句话都不说。

可是，骗得了全世界骗不了自己，我们有的时候活在过去种种的虚假、自欺欺人的情况里，当有一天突然醒过来，我们才发现原来的世界已经塌下来了。其实这个世界早就变了，只是你没有睁开眼睛看而已。

## 谈婚外情的“情”

既然要谈婚外情，那么我们首先要弄清楚，当你说婚外情，当你指责、怀疑、担心对方出现婚外情的时候，这个“情”指的是什么，性关系？恋爱？还是心灵上的关怀与支持？有些人说对方只是他的蓝颜知己/红颜知己，你最好不要相信，这就好像是说“我找到了半个人生伴侣，只不过我的心不在他那里，我需要去外面找另外半个人生伴侣”。

对你来说，婚外情的“情”指的是哪一种？这个问题牵涉到我在前面说过的夫妻双方的价值观，你不能接受婚外情，是接受不了伴侣跟第三者发生性关系、恋爱，还是伴侣在心灵上得到第三者的关怀与支持？你最不能接受的是哪一种？这件事会触碰到你的价值观，你们在婚前有没有就这一方面好好谈过？事实上无论是性关系、恋爱还是心灵上的关怀与支持，都是伴侣应该满足对方的。

有很多人心里没想清楚，只是一个劲儿地怀疑，于是两个人就开始磕碰，进而就有了没完没了的争执，生出烦恼。有些本来不会发展成婚外情的关系，就是因为伴侣的不安全感、多疑，最终促成了那段婚外情。很多婚外情都是这样逼出来的。就是说，我害怕的事，是我一手创造出来的，这个叫self-fulfilling prophecy，“我自己创造我的预言”。

## 生活原因导致的婚外情

婚外情的发生有很多生活方面的原因，比如两人早就该分开了，却一直没分开。很多人认为“离婚是绝对不可以考虑的”，就算两个人感情早已淡如水，也还是要维持下去。人是需要情感生活的，不愿意离婚，就只好去外面寻找情感生活，婚外情的问题就出现了。不愿意离婚的人，是没有资格谈新的感情的。

一个人最适合谈情感生活的时间有多少年？十年？二十年？三十年？你现在已浪费掉你人生的一半时间，谁能保证后面再尝试一次就一定会成功？所以，早就该分开而不分开，是用一套错误的价值观来剥夺自己人生的权利而已。

比如两个人本来就没有爱情，是买卖婚姻；比如婚前恩爱，婚后变成左手牵右手，感情慢慢变冷，就只好外出“取暖”；比如经常吵架斗气，带着气去酒吧，偶然间认识了一个异性，问题就开始出现了。这个也许根本就是无意的，犯罪学里有一句名言：犯罪的1%来自动机，99%来自机会。总是置身于某个环境下，一有机会就很容易出问题。

人是在不断变化着的，我们每天的人生经验都在冲击着我们的信念、价值观以及行为准则，就像一个过滤机器，不停地受影响，慢慢就会改变。我们需要管理自己，不把自己放在危险的环境里，“君子不立危墙之下”就是这个道理。我们要选择适合自己的环境，尽量避免其他东西伤害自己，影响自己的未来。

## 婚外情的心理原因

除了生活原因，很多心理原因也会导致婚外情。

比如抱着“找爸妈”的心态找伴侣，是种投射现象。如果你有投射倾向，你可能会很快陷入一段感情，然后又很快发现这个人没有足够的力量做你的爸爸/妈妈，这使双方都很痛苦。同时你需要完成跟你爸爸/妈妈的联结，你会不断地找下一个，再下一个，每次都失败，每次都痛苦。

有一对夫妻，他们感情很好，结婚的时候举行了盛大的婚礼，婚后生了两个小孩。后来丈夫去了外地发展，感情上就开始出轨了。因为夫妻两个人的感情基础非常好，所以妻子和丈夫沟通之后，丈夫很快就和出轨对象断了联系，但是很快又故态复萌。出现这种情况可能是因为丈夫没有完成和他母亲的联结，需要在他妻子身上找“妈妈”，当他发现妻子无法满足他的时候，他就会向外继续去找，因为他已经完成了生命的传承，完成了他的责任，他要做些其他事，去满足他自己的需求。

比如重复父母的命运。有些人说“我爸爸有婚外情，我很反感，很否定他的这种行为，可是不知道为什么，结婚后我发现我内心总是有股动力，忍不住也要去那样做”。这类情况特别多。孩子总是不自觉地模仿父母，所以看到父母在他们的人生里是怎么做的，孩子会在自己的人生路上同样去做、去重复，包括性格、思想以及每天的言行，来塑造出自己的一条人生路。有些严重的情况，孩子甚至会在不自觉中去分担父母的辛苦。而父母冲突造成的创伤，或本人过去的创伤，都会对其婚姻情感关系产生很大的影响。

比如强烈被需要的感觉。我的《李中莹亲子关系全面技巧》这本书里有一章介绍了心理学家艾力·艾力逊的一套概念。他研究发现，一个人从生到死要经历八个阶段，21岁之前已经完成五个阶段。你可以看到每个阶段的孩子需要什么，如果父母没有满足他的需要，就会有问题出现。比如，2—3岁孩子的需要被忽略，就会产生强烈的被需要的感觉；12—21岁孩子的需要被忽略，就可能会通过不断地谈恋爱来寻求弥补。

比如与父亲的联结不足，就会很需要炫耀力量，因为父亲是代表力量的。所有在你面前想办法证明自己有力量的，都是力量不足的。有足够力量的是不需要炫耀的。你看，在武侠小说里，功力高的大侠根本不需要带着剑到处嚷嚷，往往一根筷子、一片树叶就可以让人毙命。在情感关系里，力量不足的人会拼命追求征服，征服了一个之后就放下，再寻找另一个去征服。

## 婚外情没有完美的解决方法

很多人问："出现婚外情该怎么办呢？"婚外情是可以解决的，但是如果你要解决到不留痕迹是不可能的。婚外情没有完美的解决方法，无论如何都会留下痕迹。当他已经冒犯了你的价值观，而你仍愿意维持这段婚姻时，你需要认真考虑你的未来。

有人总是说"有什么办法呢，跟他在一起这么多年了，我只能维持下去"，这是在逃避自己的责任。你要对你自己的人生负责，对你的未来负责。你可以问问你自己：他能保证以后不会再出现这类问题吗？他能遵守承诺不再冒犯你的价值观吗？如果你相信他能，那么之后出现问题就不是他的问题，而是你的问题。

你之后还能不抱着受害者的心态去把这份关系经营下去吗？如果可以，那你们可以试试重新来过。有些时候，往往是对方发生婚外情，你就觉得你是受害者。面对对方婚外情问题，你需要去掉这份受害者的心态，看到其中你自己要负的责任，你愿意为你缺失的这份责任付出代价，代价就是对方出现婚外情。如果你们两个还有很强烈的爱，那你们可以重新来过。如果你坚持认为你是受害者，是对方伤害了你，那么你们是不会有好结果的，最终婚姻还是会破裂。

还有一些环境因素，对方的工作环境、生活环境，有没有可能在婚外情问题上做出满意的善后？海灵格在《谁在我家》这本书里有一个案例，老公出轨后很后悔，求老婆原谅他。海灵格说原谅不会有效果，要想有效果，需要老公付出代价。老公伤害老婆的那份痛，现在老婆也要让老公感受到同样的痛。怎么办呢？他想了个办法，把老公的钱拿出三分之二给老婆买一栋房子，老公很心疼。当老公真的觉得痛了，也许就能收到效果了。

婚外情没有完美的解决方法，所以我们要尽量避免。如何避免？最好的办法就是从价值观开始，搞清楚你能接受的是什么，不能接受的是什么，然后两个人按照幸福法则去不停地做事，维持两个人的心灵空间是满的，不会有空间容纳第三个人。

## 婚外情能原谅吗

我们过去认为原谅和同情是很好的，是美德，但实际上原谅是没用的，很多人活得很纠结、很累，就是因为错误地以为“同情”和“原谅”可以解决问题。原谅不会有效解决问题，不过是把问题转移到其他地方而已。

为什么？原谅是把自己放在一个高的位置，我高，你低。你伤害了我，我有权报复，只不过我选择了不报复，所以你就亏欠我了。在我看来，你永远对我有亏欠，每一次有争执，每一次我感觉你欺负我的时候，我都会把那一次的事情拿出来说。别人做错了事，也许打一巴掌就过去了；你做错了一次，就是终生的惩罚。你永远是一个卑鄙的加害者，我永远是一个伟大的受害者。两个人的关系倾斜得太厉害，是没有办法维持平衡的。

如果你的朋友遇到了类似的事，你去劝解说“原谅他吧”，这句话差不多能保证他们以后一定会分手。如果两个人确实还很强烈地爱着对方，那么各自承担自己的责任。如果两个人同意放下过去，重新来过，那么根本就不需要原谅。

## 你该怎么办

你的人生你做主，没有人有资格代你决定，因为给你建议、帮你做决定的人都没有办法对最终的结果负责任。无论怎么样，你必须照顾你的人生。本来就没有能力照顾自己人生的人，总是在找“爸爸”，总是希望别人告诉他该怎么做，这种人根本连找一个对自己好一点的人的资格都没有。

这个世界上没有免费的午餐，逃避责任只会带来更大的责任，必须付出代价，只是大与小的问题。我们接受了生命就是要活得轻松、满足、成功、快乐，当婚姻不能支持这个意义的时候，要放下的是婚姻，而不是我们追求的人生目标。

所以，当有人问我“李老师，我该不该离婚”时，我绝对不会给他答案，我只会告诉他离婚会怎么样，不离婚会怎么样，他可以有一些什么样的选择，而每个选择又有怎样的可能性。你人生里的成功、快乐，你跟现在的男人在一起可以获得，你自己一个人也可以获得，你跟另外一个男人在一起也可以获得，究竟怎么选择，不应该由别人来替你决定。

第十二章

# 孩子对婚姻关系的影响

## 生命传承的意义

每个人接受生命，展开人生的意义是为了家族生命系统的延续，作为系统的成员，存在的意义就是服务这个系统，对系统做出贡献。

生命系统的有效延续，要求生命系统保持平衡、稳定，进而发展、壮大。生命代代传承，每一代都比上一代更有力量，能力更强。

你父母来到这个世界，把生命传给你，是为了生命系统的有效延续；你来到这个世界，把生命传给你的孩子，也是为了生命系统的有效延续。

## 生命传承的流程

人类社会发展至今，生命传承的流程如下：

认识对方→恋爱→结婚→成家→孩子出生→养育孩子成长→帮助孩子培养出能照顾本人人生的能力

上面的七个步骤是不断重复的。

我常常会把上述流程浓缩为“人生三部曲”——

第一部：认识、恋爱、结婚、成家（产生夫妻关系）。

第二部：孕育生命，新生命诞生（产生父母身份）。

第三部：帮助孩子有效成长（产生亲子关系）。

每一代人一般都会重复这“人生三部曲”。

## 孩子是系统的未来

除非系统不容许（丁克、失独、不育等），否则系统的发展、壮大就是未来的方向，而具体操作的希望是在孩子身上。

孩子越有生存的能力，越能够照顾好自己，就越有可能体现出这份意义。

“生存的能力”一方面指能够被系统里的人、事、物接受，继而获得尊重、爱护；另一方面指能够接受系统里的其他人、事、物，尊重他们，爱护他们。生存的能力越强，这个孩子在系统里的生存概率就越大。

“照顾好自己”应具备以下几方面的能力：

一是观察、分析、假设、推理、求证、修正、判断的能力。

二是发展及修正本人的思维模式及心智状态，以提升上述“生存的能力”。

三是不断拓宽本人的知识面、人生经验及学习能力。

以上简单地总结了父母“帮助孩子培养出照顾本人人生的能力”的具体内涵，“照顾本人人生”应该包含孩子人生里的责任，而其中最重要的责任就是让系统平衡、稳定、发展、壮大。

## 婚姻关系只是为了夫妻两人吗

再看结婚的三点意义：

一是给新生命提供最佳生活空间。

二是有伴侣同行人生路。

三是互为对方心灵的最后港湾。

第一点完全是为了孩子；第二点一半是为了孩子：同行路上有好伴侣，孩子的“最佳生活空间”就稳定了。

为系统（孩子为具体代表）亦为本人，但为系统是首要的，因为没有系统，则你连生存的资格都没有了！所以，只保证孩子生活无忧并没有完成父母的责任，还需要照顾孩子的身心成长。

人生为了服务系统，生命传承为了服务系统，生孩子是为了系统更好地延续，照顾孩子让他良好成长还是为了系统。婚姻只是这些的容器，就如一辆车、一条船。

没有条件，不能做好父母的工作，不应该生孩子。一旦有了孩子，你就必须爱他、关心他。一些学员问我“工作太忙，没时间陪伴孩子怎么办”，我的回答是：“没准备好做父母时，就不要做父母；既然做了父母，就必须做父母（的工作）！”

一些人在婚姻破裂后，两方都另有新伴侣，就把孩子扔给老人家，不去履行作为父母的责任，我不认为系统会让他俩的下一次婚恋成功、幸福。

第十三章

# 挽救婚姻，你需要怎么做

只要心中还有爱，两个人都愿意做出改变，挽救婚姻是绝对有可能的。假如两人中有一个已经没有了爱意，那就真的没办法挽救了。“爱”不是我去买就可以买一斤回来，然后两个人重新来过。所以，在还有爱的感觉的时候，千万、千万、千万要珍惜，不要把对方的爱磨耗殆尽才醒觉、改变。

## 先照顾好自己的人生

照顾自己的人生是我们每个人的权利与责任，我们不要在婚姻里赔上自己，更不要以爱的名义盲目地去帮助对方，这样不仅帮不了他，还会伤害自己。你可以选择把自己的力量保留下来，等到对方终于够痛、终于醒过来的时候，在旁边支持他、帮助他，这样也许才是最好的做法。

比如你的老公很喜欢赌博，把家里所有的存款都输光了，还欠了一身的债，你会怎么办呢？不断地出去借钱，让他继续去赌博？如果这样，你自己的人生怎么办？你真的帮得了他吗？

正确的态度是什么？他要去赌博，但你绝对不给他一分钱，保留你的实力。等到终于有一天，他醒过来了，决定重新来过。这时你就可以去帮他，这个才是爱。陪他一起“死”掉，你根本就是忘记了你本人接受生命的那份责任，这样的爱是愚蠢的爱。

## 反思自己在婚姻中的表现

在挽救婚姻之前，你要先问自己一个问题：有没有我的责任？

有些人说“我很无辜，因为我什么都没做”，你没有打他、骂他，可是你也没有做一个伴侣应该做的，他好像从来没有伴侣一样，无论是情感上还是精神上。大部分人觉得自己很无辜、很清白，因为什么都没做。事实上，在婚姻里没有做该做的事，至少等同于做了不该做的事。婚姻情感关系的问题，99%是来自没有做该做的事，1%是来自做了不该做的事。我们往往忽略了那99%的事，而放大那1%的事，让所有人指责他。

谈挽救婚姻，你想挽救的是什么？一张饭票？一间有人住、骗自己“我不孤独”的房子？一份早已死亡的情感？维持“我在婚姻中”的法律身份？还是一份无效的“找爸妈”的投射？或者什么都不是，你就是不想照顾自己的人生？

如果只是想维持法律上的身份，维持那一张结婚证，哪怕已经十年都没见过面，三年都没说过一句话，这样的婚姻就算真的挽救过来了，又能怎么样呢？

有人说“我能有什么办法呢？希望等一段时间就可以变得更好吧”。我告诉你，不要再骗自己，不要再等了。在爱还没有完全消失之前，你还有可能做些事来挽救你的婚姻；当爱完全消失的时候，你想挽救都是徒劳的了。

当你发现你的婚姻在走下坡路，或者有些什么不对劲的时候，你就该感到警醒，该做些事来改善了。在两个人都还关心对方、在乎对方，感情还没有变得麻木之前，坐下来好好谈一谈。告诉他“我真的很在乎你，我真的愿意跟你一起经营一个幸福、充满爱意的婚姻和人生，如果你的想法和我一样，让我们一同做点事吧”，不要等到最后一点爱都消失了再去挽救。

婚姻最困难的地方在于：想经营好婚姻，需要两个人共同努力；要破坏婚姻，则只需一个人搞破坏就行了。两个人的游戏需要两个人配合，一个人是玩不起来的。双人舞需要两个人来跳，一个人是跳不起来的。不要问我“那我如何能够改变他”，你一旦有想要改变他的想法，那就是操控，能够被操控的也不是真正好的关系，真正好的人也不会被你操控。所以，这样的念头是没有意义的。

除此之外，还有一个需要考虑的问题：你们两个人都能够放下过去，经营未来吗？假如两个人对对方还有爱意，都还想做点事，那就找个机会认真地、成熟地谈一谈。“认真”是指两个人好好地、深入地谈一谈，充分了解两个人处在什么状态，觉得两个人的关系是什么样的；“成熟”是指直接说当下的情况，说自己需要什么，不要把焦点放在对错上。

人总是要求别人改变，而自己不愿意改变。在我的学问体系里，有一部分是“人生三类事”，说的就是在我们的人生里，所有的事只需要分为三类：本人的事、别人的事、老天的事。我自己人生的成功、快乐，自己的成长，自己爱自己、照顾自己，这是自己需要做的；别人的事，你只可以尊重，如果他愿意，你可以给他意见，可是你管不了他，就像你不需要别人管你一样；老天的事，你就只可以臣服、接受。人会变老，人终有一天会离开这个世界，这就是老天的事。

我们的烦恼来自自己的事，我们本应该管的却不管，别人的事，我们本不该去管的偏偏坚持要管。所以，我们要改变的是自己，不是别人。在情感关系里，有一句经典的话就是“在两性关系里，谁痛苦谁改变”。如果你不明白这句话的意思，我多说一句话你就明白了——“你继续这样做，就继续这样痛”。

人害怕改变，因为改变总是带来陌生。以前虽然很痛，但是你已经习惯了，已经找到方法适应这种痛了。可是，所有的提升、新的机会、突破，必然来自改变。重复旧的做法，或者维持旧的状态，不作为，也只会出现旧的结果。

## 调整心态，拒绝“受害者”心态

“你这样对待我，我受伤了”“我是受害者”，如果你是这样想的话，成功改善关系的可能性就会越来越低，对方甚至会丧失对你的尊重。受害者是无力的，只能求别人怜悯。这样只会出现两种情况：

其一，他跑得更快，因为害怕被抓住。一个人只会吸引有力量的人过来，当他发现你没有力量时，他就会去找更有力量的人。所以，当你越把自己变得没有力量，对方就走得越快，越不愿意回到你身边。反过来，当你有力量照顾自己时，对方有可能会回来。

其二，对方心软留下来，但不会有真正的改变，因为问题还没有解决，只是延迟了结局的来临，增加了过程的痛苦而已，结果还是会破裂。

如果你真的想挽救婚姻，绝对不要有“受害者”心态。有“受害者”心态的人说话总是充满了指责、抱怨，认为自己既然是受害者，就有权利骂你、揍你。没有人会愿意靠近这样的人，社会上的那些怨妇、愤夫，总是讲不到三句话就跳起来抱怨，对什么事都不满意，就是“受害者”心态的表现。

## 以好朋友的身份跟伴侣真诚沟通

两个人有缘相识是很难得的，更不用说有缘相伴、共同走人生路了。既然他已经坐上伴侣的位置，和你一同生活了一段时间，可能他就是世界上最了解你的人。既然已经一起走了一段人生路，那么无论是对你自己、对对方，还是对这个关系，你都有一份责任。所以，无论你们是决定离婚还是继续过下去，真诚地约对方谈一次，不算旧账，用抽离的方式谈谈两个人的问题。

在谈的过程中，聆听对方说的话，对方说的不一定都是不合理的。特别是在已经决定分手的情况下，已经没有必要再去互相伤害，这时说的话或许是最真实的。双方好好吃一顿饭，好好聊一次，也许你们可以得到一些在任何地方你们得不到的、对自己最有帮助的东西。

## 重新谈一次恋爱

两个人认真地、成熟地谈了一次，如果发现两人对彼此还有爱意，想要尝试重新来过，你们可以尝试着再谈一次恋爱。在这一次的恋爱里，追求者与被追求者都要认真对待，如此才能收到效果。

事先列好清单，约定如何调整破坏性的语言及态度，约定双方的提醒方式、双方需要学习提升的地方，并定期沟通回顾，看一看两个人的关系进展状况。

这一招挽救过很多人的婚姻，除非两个人中的一个没诚意，或者两个人都没诚意，总是希望“我不改，他改”。如果两个人都是成熟的、有诚意要挽救婚姻的，这一招最有效。

第十四章

# 当婚姻无法挽回时，你该怎么做

## 婚姻不是人生的全部

人生就像一排排的小格子，如图1所示，过去在你的背后，只存在于你的脑袋里。你接受了生命活到今天，你就一定有来自你的父母、你的系统很多代父母的爱、力量与资源。你活出你的人生，你接受了这份责任，你也有绝对的生命之火。在成长的过程中，你做过那么多的事，做得那么好，这也是值得肯定的。所以，你不要再躲避，不要再骗自己“我力量不足”，不要再把自己放在过去。这些记忆可能是你的绊脚石，阻碍你在以后的人生中获得更多的轻松、满足、成功、快乐；也可能是你的垫脚石，让你的人生往更好的方向发展。

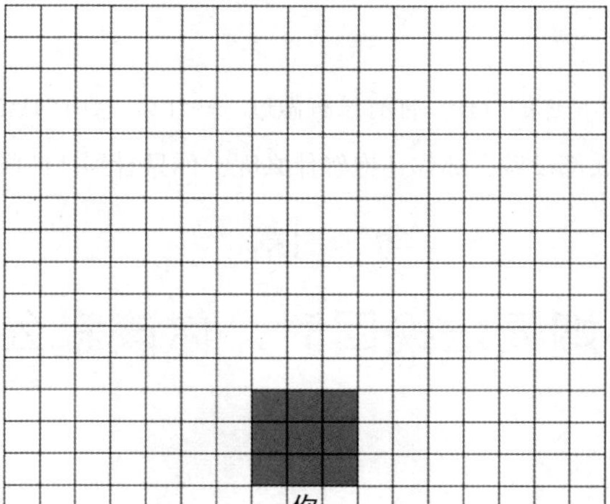


图1 你的人生

已经发生的事，你改变不了，但它带给你的人生意义，你一定可以改变。你可以在脑袋里重塑这些网格，让已经发生的事能产生一些不同的意义。所以，过去的事是绊脚石还是垫脚石，由你说了算。

现在，你的婚姻无法挽回了，虽然你很痛苦，但你要知道，婚姻并不是人生的全部，结束婚姻并不代表人生的终结。你往前看一看自己的人生，假如结束婚姻你要痛苦三年，这三年就像图1里的灰色方块一样，那它对你的整个人生来说根本就是一件小事吧！为什么你会觉得它是一件天大的事？因为你把灰色的方块切开蒙在了眼睛上，你只看得到灰色的方块，别的什么都看不见。所以，不要再躲在“受害者”心态的后面一味地哭，觉得自己很可怜。你的人生你负责，你的人生你在乎，你有权利、有责任让自己的明天更好。

## 不能面对婚姻失败

婚姻不能挽回了，你很痛苦，因为他伤害了你，丢弃了你，背叛了你。你觉得很孤独，觉得自己是一个受害者。

你绝对不是无辜的。你没有能力把他的心留在你身边，或者你没有在激情冷却的过程中注入新的燃料，或者你没有看清楚他是否合适就做了决定，或者你没有学会不受骗，这些都是你的责任。你有没有做过一些什么，让你其他方面的能力获得提升？如果你什么都没做，那你还抱怨什么呢？你只看到“他没有……”“他应该……”，你没有看到“你没有……”“你应该……”。所以，你没有资格做受害者！躲在这个标签后面只是浪费青春而已。

照顾你本人的人生，本来就是你无可逃避的责任。婚姻或者另外一个人，不能代替也不能拿走你这份责任。认为婚姻或者另外一个人可以照顾你的人生，不过是你自己骗自己。从今天开始，你若想要你的人生成功、快乐，就不要活在受害者的身份里，要放下过去。改变自己，你才可以有更好的未来。

## 因误解而聚，因了解而分

很多人因为误解，因为看错、想错而在一起，在一起后慢慢觉醒，觉得两个人不合适，于是决定分开。

既然已经没有办法挽回婚姻，我们就应该把焦点放在两个方面，一是如何以最小的伤害结束婚姻，二是如何让这次失败来成就你以后的人生。后者是最重要的。不妨给自己一些时间躲起来，静下来想一想：你们两个人是如何开始的？过程怎么样？为什么会变坏？在这个过程中你忽略了什么？在这个过程中有什么是你该做而没有做的，或者有什么你不该做的却做了的？……

当你不再抱持受害者心态的时候，就不会想到“我一定要报复他，我一定要反击，要伤害他”，如果你们有孩子，这样对孩子的伤害也会少很多。真诚地找对方谈一次，告诉对方你不准备挽回婚姻，只是想在结束婚姻前做些事，来减少分开引起的痛苦及后遗症。

在这种情况下，对方可能就是世界上最了解你，同时愿意毫无保留地告诉你你在哪方面需要提升成长的人。他的话不一定是对的，但能助你深入思考，让你从新的角度去看自己。也许这次谈话是你们这么多年来压力最小的一次，因为你们已经不必再去伤害对方了，你们有可能因此保持一份好的关系。如果你们有孩子，这样做对孩子是最公平的。

## 没有情感关系比维持坏的关系更好

婚姻情感关系有三种：第一种是好的关系，比如快乐的、幸福的、和谐的；第二种是不好的关系，比如那些不开心的、名存实亡的；第三种是没有关系。这三种关系，最好的当然是好的关系，第二是没有关系，第三是坏的关系。可是在现实生活中，很多人坚持拼了命地去维持那种坏的关系，而不愿意回到没有关系的状态。

为什么没有关系比坏的关系更好？

原因之一，维持一份坏的关系，不仅消耗能量，还会把你的感情、你的生命力、你的美、你的动力、你身体的种种机能都一点点地消耗掉，这样下去过不了几年，你就只剩下一个躯壳。试问，谁会愿意跟这样的人交往呢？当你继续坚持那段已经名存实亡的婚姻情感关系时，你就浪费了很多资源，把自己搞得越来越糟糕。

原因之二，当你还拥有一段关系的时候，不管这段关系是好是坏，你都没有权利有新的关系，你有很大的可能会浪费下一次拥有好的关系的机会。一个真正负责任、足够有力量的人，不管是男人还是女人，是不会插足于别人的情感关系的。那些在你的情感关系还没结束仍愿意和你开始情感关系的人，也许只是可怜你、同情你，这并不是一段好的关系该有的基础。所以，为了你自己，为了对方，为了你们未来的人生，你真的要坚守你的界限，在真正结束旧的情感关系后再开始新的情感关系。

## 放不下的是什么

你结束了一段婚姻，你感到非常难受。这时你可以问一问自己，你放不下的是什么？

你们在一起的时候，你内心可能一直有一个需求，你期待在伴侣身上获得满足，或者说你期待通过伴侣可以得到一些东西。一般来说，这是我们在生活里不可避免的期待——因为你在我的世界里，所以我认为你应该可以让我得到一些东西，无论是直接的还是间接的。但是，当你们的婚姻结束时，你的需求便没法被满足了，这才是你感到难受的原因，而不是因为他多么不对、多么不好。

两个人在一起的时候，你们已经为彼此做了自己所能做的一切，就算重新来过也不能做得更好。对方不能按你的意思做伴侣，你也不能按对方的意思做伴侣，错不在你，也不在他。你们两个人当时所处的环境、当时的状态、当时脑袋里能够想到的，就只有那么多。两个人在一起的时候没有亏欠，这就够了。

所以，你放不下的不是他，也不是那些事，你放不下的是你的需求最终落空了。这种感觉就像拔掉蛀牙必然会有一段时间不适应一样，仅此而已。

## 关于孩子的考虑

孩子不是维持一段名存实亡的婚姻的理由。“为了孩子我们不离婚”，表面上看很伟大，实际上是一个非常可恶的借口。因为这句话背后的意思根本就是“孩子，为了你，我们两个选择牺牲下半生的幸福”。那些说等到孩子念中学、念大学再离婚的夫妻，到那时候两人可能已经没有什么机会开启新的感情了。如果你的父母为了你而牺牲他们的幸福，你能承担这个责任吗？没有哪个真正爱父母的孩子能够承担这份责任，同时还能挺起胸膛来走他的人生路。这份责任总是压得孩子喘不过气来，也许会让他一生都活在内疚里。

一个充满斗争的家庭对孩子的伤害非常大，几乎会剥夺他追求成功、快乐的人生的机会。身处这种家庭环境的孩子，无法在父母之间保持一个平衡，内心无比难受，却又无法宣之于口。因此，这种孩子总会出现很多问题，生病、学习成绩下降、晚上睡觉磨牙、睡觉时容易惊醒，或者特别顽皮，总是要搞出一些意外。事实上，他内心好像在说“我要搞一些问题出来，因为当我有问题的时候，父母为了照顾我，就没时间吵架了”，用“牺牲”自己的方式来挽救父母的关系。在父母的问题上，孩子总是最愿意牺牲自己的。

父母分开一定会对孩子产生影响，给孩子带来伤害。可是，如果父母处理得好，可以将这份伤害降到最低，低到不影响孩子的人生发展，不影响孩子将来的婚姻情感关系。如果父母闭口不谈彼此的冲突，孩子就知道这个问题不能说。尽管父母的问题他都看在眼里，但他不会去说，只是记在心里。所以，面对父母的问题，孩子或许才是最痛苦的那一个，试问这样的孩子长大之后还敢谈恋爱吗？还敢结婚吗？

如果父母可以平静而成熟地讨论他们的冲突，孩子就会知道，冲突并不是问题，是可以讨论、解决的，起冲突的双方是可以和好如初的。如果父母之间真的存在不可调和的矛盾，那么分手就是一种尊重彼此且成熟的处理方式。这样孩子也会知道，就算真的分手了，也不需要害怕、恐惧婚姻。

假如两人决定分开，孩子应该跟谁？一般来说，父亲特别喜欢女儿，母亲特别喜欢儿子。孩子在八九岁的时候开始有自己的主意，会想要推开父母的手，走自己的路。在这段时间里，父母要帮助他加快塑造他的性别特质。所以，对于这个年龄段的孩子来说，父母如果离婚，最好的安排就是父亲带儿子，母亲带女儿。不过我的意思并不是说儿子有父亲就够了，他同样需要母亲，就算分开了，最好还是维持良好的亲子联结。不管父母是否在一起，父亲永远是孩子的父亲，母亲永远是孩子的母亲，父母对孩子应该仍和以前一样，给予孩子全部的爱。

假如你已经和伴侣分开，你可以创造一些条件，让你的孩子有机会接触到一些成熟的男性/女性，让孩子的成长发展更均衡。

## 你的人生，是你本人的责任和权利

不要让长辈的观点左右你的人生。我们的父母不太懂婚姻情感关系到底该如何处理，他们总是因为爱、因为善良，希望我们按照传统的方式来活，“不要分开，不要离婚”，以为这样就会过得更好，因为他们不懂如何可以更好。你听了他们的话，真的不分开，也许会更痛苦，同时没有机会去寻找下一次的幸福。你能为此怪你的长辈吗？你不能。那你自己人生的权利呢？你所追求的人生幸福、成功、快乐呢？

也许你会说，你要听爸妈的话，要孝顺。可是，我们接受生命是为了未来，为了系统，而且从系统动力的角度来看，父母是为系统服务的，所以系统比父母更大。假如父母要你做的事会破坏系统的这份动力，那么当你以“孝顺”为名而逃避照顾自己的人生时，你就没有尽到生命对系统的责任。

父母属于系统，对系统有一份责任；你也属于系统，对系统也有一份责任；父母把生命传给你，照顾你直到你成年，你开始展开自己生命传承的三部曲，你有独立的能力对自己的人生负责。现在，你要扭曲自己的权利与责任，去适应另外一个人，从系统的角度来说，是不能接受的。

人生总是从今天开始，但明天掌握在你的手里，抱着这个态度，带着祝福送他走。彻底放开他，让他回到他的人生，你也回到你的人生，这样你们彼此就可以开始新的感情。

# 下篇

第十五章

## 当一段婚姻走到尽头时，你该怎么做

当所有能够尝试的方法都尝试过了，还是没办法继续在一起，这时你决定结束你的婚姻。那如何结束呢？这个章节我们就来具体谈一谈。

## 爱与伤害

一般来说，分开有四种可能性：

第一种，爱自己，爱对方。

第二种，爱自己，伤害对方。

第三种，伤害自己，伤害对方。

第四种，伤害自己，爱对方。

婚姻是两个人的事，在婚姻结束的过程中，对方会不会增加你的痛苦，会不会增加结束的困难，在很大程度上取决于你如何对待对方。假如你不让对方好过，那么对方也不会让你好过。

在情绪研究方面，我发现，所有的负面情绪都有其正面意义，唯独恨，我尚未找到其正面意义。恨是“你高我低，我不能接受你比我高，同时我认定我无力比你更高”，那么唯一让我比你高的方法就是把你拉下来，这就是恨的动力的方向。因为没有力量把人拉下来，你就会把力量用在增加伤害上，一直走下去，极端就是毁灭。在这个过程里，对方不一定会被你毁灭掉，而你肯定会毁灭自己。

如果你不愿意让自己未来的人生毁在过去，就必须放下恨。放下对一个人的恨，不是放过他，而是放过你自己。那么如何处理恨？如何可以把恨放下？只有一种方式，就是感恩，感恩可以抚平恨。感恩是源于“我没有权利得到而得到了”这一想法。想一想你和伴侣在一起的时候，他曾经为你做的那些让你觉得开心、幸福的事情，对此你都需要感恩。把焦点放在因为他而得到的事物上，以及因为这次伤痛而让你未来人生有更多的成功、快乐上。真诚地这样做，你就可以真正地放下恨，很多恨最后都是可以用“谢谢你”来结束的。当你想明白的时候，你会感激对方，你会发现，如果不是他，你就不会这么深刻地、认真地、彻底地学到如何做一个优秀的伴侣。

所以，既然彼此曾经爱过，在决定分开时，又何必要再增加对彼此的伤害呢？带着对方的祝福，轻松上路，再见亦是朋友。

## 分手时处理好“情”和“事”

要切断跟伴侣的关系，你需要处理好两个部分：一部分是情，一部分是事。

情，是感情方面付出与收取的平衡。你可以盘点一下，他为你做了些什么让你觉得你在情感上欠了他，你甚至可以列一个清单出来，因为他你受到了怎样的伤害，又有了哪些成长，这样你就容易平静下来。在处理情方面，你需要先把自己的情绪调整到平静、能理性思考的状态，如果你很痛苦、很难过，你是不可能进行有效沟通的。你可以独自找个地方静一静，把自己调整到身心更合一、能够有效思考的状态，然后再考虑和伴侣谈。如果你不懂得怎么做，感觉很糟糕，内心很纠结，你可以先去学一些及时调整情绪状态的技巧。事实上，很多情绪都是比较容易处理的，至少你可以在自己有情绪的时候觉察到，然后花几分钟时间进行调整，再继续和伴侣谈下去。你表现得越理性，你和伴侣的谈判效果会越好。

事，是指那些实在的东西，从财产到抚养孩子等，双方要达成共识。记住一句话：既然不能够好好地在一起，那就好好地分开。如果你们有孩子，在分手过程中你们之间产生的任何矛盾，可能都会由孩子来承担，让孩子受到伤害。

不要阻止孩子与其父亲/母亲的联结。孩子有天赋的权利与父亲及母亲保持联结，孩子与父亲的联结，母亲没有权利过问、干扰，反之亦然。任何企图阻止这份联结的行为，不仅会让孩子痛苦，同时也违背了系统动力的法则，一定会产生后遗症。

## 给孩子一个交代

如果你决定结束婚姻，你应该对孩子坦白。作为家庭成员，孩子有权利知道实情。很多人说孩子还小，等到他长大一点再告诉他，这种说法等同于“我不能离婚，因为要为孩子维持一个完整的家”。我告诉你，现在的孩子远远比你以为的更聪明。在你们决定分手之前，孩子虽然一直不说话，但早就看在眼里了。现在的孩子很早熟，有些孩子在面对父母的问题时，甚至会劝妈妈说“妈妈你这么辛苦，跟爸爸离婚吧”，有时说这种话的孩子可能都不满十岁，我就听过不少这种个案。

孩子心疼妈妈，想照顾妈妈，可是他又没有足够的力量。同时，他心里也会维护爸爸，虽然他知道爸爸不好、爸爸不对。父母对孩子的爱，孩子对父母的爱，都是绝对的、不讲对错的。对错是意识层面的事，爱是内心的事。所以，为了不让所有人受到更大的伤害，经历更多的痛苦，该分就分吧，这样大人好过，孩子也好过。

事实上，父母如果以“为了孩子好”为名而不对孩子坦白自己的决定，孩子以后会对父母抱有很大的怀疑，这会让孩子产生很大的不安全感。因为他不知道父母哪句话说的是真的，哪句话说的是假的。在这种情况下，父母分开一定会对孩子造成伤害，当父母的一方不能留在孩子身边，另一方说话孩子又不能相信的时候，孩子该怎么办？

所以，坦白告诉孩子你的打算，告诉他你的不开心或者痛苦，但绝对不要指责你的伴侣。“我很难受”和“他不好”是完全不同的两件事。你可以告诉孩子，“因为某件事，我很不开心，很痛苦”，而不是“你的爸爸/妈妈怎么不对、怎么不好”。你用你的一套信念、价值观以及行为准则来评估另外一个人本来就不恰当，更何况，是你决定和他结婚，和他一起生活，和他吵架、打架，和他分开，这些都是你自己的选择，你要对自己的选择负责任，你并没有那么无辜。

同时，给孩子一个保证，你们婚姻结束完全没有孩子的责任，无论什么时候，爸爸永远是他的爸爸，会永远爱他；妈妈永远是他的妈妈，也会永远爱他。只要你和伴侣在分开时不指责对方，孩子的内心就不会产生不必要的压力。

第十六章

# 开启新的婚姻，你准备好了吗

无论上一段婚姻带给你多少伤痛，如果你能从中学到应该学的，那么那一段婚姻就是成就你的。问一问你自己：在上一段婚姻里，我学到了什么？现在我有哪些不同了？我现在能够充分照顾自己的人生了吗？

失败的时候，我们肯定痛过、哭过，可是，如果我们能够真正从失败里学到该学的东西，把这些东西用在下一次，那么我们会更成功。这样，每一次失败都能让我们成长，让我们变得更成熟。明白了这一点，你可以让自己准备得更好。你准备得越好，失败来找你的可能性就越低。就算它真的来敲门，也是帮助你成长、成熟、成功的，所以无论失败来与不来，都是帮了你的。

对待上一段婚姻，最好的态度就是怀着感恩的心放下，这样你就会有更多的能量来开启新的感情，走进下一段婚姻。

## 开始新的感情，必须记住的事情

### 完全走出来后再开启新的感情

很多时候，我们虽然结束了上一段情感关系，可是内心仍然会有一些情绪，比如愧疚、遗憾、惭愧、后悔，这四种情绪背后有共同的意义，就是“我认为事情已经完结了，实际上没有，内心还有一部分没有完结”。内心里的那份情绪是在提醒你：不能放下，还有事情要做。你必须把该完成的那一部分完成，才可以完全放下上一段感情，开启新的感情。

上一段婚姻关系结束必然会带来痛苦及惆怅，你的心灵也许会很孤独，很需要支持与慰藉，这时若有一位异性朋友照顾你，你很容易对其产生依赖之情，并且会错误地认为它是爱情。事实上，爱情、情感关系、婚姻，都应该在两人平等、对等的基础上开始，并且维持这样的心灵对等关系。面对一个比你低的人，你容易缺少尊重；面对一个比你高的人，你又容易产生自卑。

对于异性的支持及慰藉，你无须拒绝，但要随时提醒自己，并清楚地告诉对方，你在这样的状态下跟他展开新的情感关系，对你们两个人都是不公平的。你可以告诉他你很珍惜你们之间的关系，甚至需要他的照顾，但你要在完全走出上一段婚姻带来的创伤后才能开始新的感情。

### 不要将新伴侣和前任伴侣进行比较

如果你准备尝试开始下一段感情，一定要记住，绝对不可以将新伴侣和前任伴侣进行比较。前任伴侣有的优点，新伴侣不可能全部都有。同时，新伴侣身上有的优点，前任伴侣也不会有。没有两个人是一样的，每个人都有优点和缺点。不管是正向或者负向的比较，都不会带来好的效果。这种比较是对对方的不尊重，完全接受新伴侣，全心全意跟新伴侣生活在一起，才有幸福的可能。假如你认定这一次的伴侣就是对的人，准备和他展开婚姻情感关系，那么你就完全投入，不要带着以前的那些东西。假如你做不到，那么你不应该结婚，你应该先清理掉那些东西，完成你没有完成的终结程序，再考虑和他展开婚姻情感关系。

## 带着孩子进入下一次婚姻应该考虑的事

你找新伴侣是你的权利，在这件事情上，孩子没有说话的权利，因为你是“二楼”，孩子是“一楼”。但这并不代表你就可以忽略孩子的感受。正因为孩子对你很重要，所以在找新伴侣的问题上，你应该坦白地告诉孩子你的决定，或者在做某个决定的时候，你可以先问问孩子的意见。

当你决定再婚的时候，你需要认真地跟孩子谈，不是要得到孩子的允许，而是告诉孩子，“孩子，经过很长一段时间的观察和测试，我觉得你和他相处得很好，他也对我保证他真心爱你，我相信你也感觉得到。所以，我准备和他结婚。我向你保证，当他成为我的伴侣时，我对你的爱绝对不会减少，只会增加，而你也多了一个人的爱”。用这个方式来跟孩子谈，孩子就会比较容易明白，并能接受你的决定了。

假如你是孩子的爸爸，和孩子的妈妈离婚之后，你决定再结婚。你要明白，你的再婚并不是为孩子找来一个新的妈妈。在我们的传统观念里，总是认为爸爸的再婚是为孩子找来了一个新的妈妈，甚至强迫孩子叫爸爸的新伴侣为“妈妈”，这是非常严重的错误。除非你希望你的小孩和你的新伴侣总是吵架、闹矛盾，否则你最好不要要求孩子称呼你的新伴侣为“妈妈”。对孩子来说，称呼你的新伴侣为“妈妈”的含义是“我不要我的妈妈，我要接受这个人”，他内心是不会同意的。孩子的内心一半属于爸爸，一半属于妈妈，就算爸爸和妈妈分开了，孩子都会很努力地想办法，想让爸爸和妈妈重新在一起。

如果孩子反对你再婚，原因只有三个：其一，你没有充分让孩子了解你在上次婚姻里的痛苦。我并不是要你跟孩子抱怨，而是要用“我的人生我负责，我做了错误的决定，所以我承担这个决定带来的后果”的态度来告诉孩子，你的确很痛苦。其二，孩子介入了父母之间的关系。因为孩子不清楚父母之间到底是个什么状态，所以孩子会以为父母是有可能重新在一起的。这是非常悲哀的事，可是孩子会有很大的动力去做这件事。所以，如果你们决定分开，那在整个过程中，要让孩子充分了解你们的关系状态，这样孩子的干预就会少很多。其三，你没有让孩子充分相信，即使你再婚，你对他的爱也一点不会少。很多时候，孩子会担心父亲/母亲找了新伴侣后就不要自己了，在这种情况下，他打死都要跟着你、拉着你，想尽一切办法阻止你再婚。

事实上，你再婚只会给孩子带来好处。首先，减少了你在孩子的情感关系上的干扰，因为你减少了他的心理负担。假如你不再婚，孩子长大之后可能就会因为要照顾你，而纠结于到底要不要恋爱、要不要结婚。爱父母的孩子，可能都会有这个负担。其次，减少了你对孩子的依靠，而这份依靠往往让孩子不能飞得更高。当孩子做了母亲生命中最重要的男人时，Z形效应就出现了。在我们每个人的人生里，最重要的关系是与伴侣的关系，当我们帮助孩子培养出照顾他本人人生的能力之后，就应该给孩子足够的自由，让孩子飞走，这样系统的有效延续才可以有最大的效果。

无论你选择单身还是再婚，无论你的下一次成不成功，都与孩子无关。你不能因为你选择单身，就抓住孩子不放，不容许孩子展开生命传承的三阶段。这一点你必须清楚，也必须跟孩子说清楚。

## 以最佳的状态迎接未来的幸福

最佳不是完美，没有完美的人，也不可能有完美的人生。

人总有缺憾，婚姻也不会自动变得幸福。就像做蛋糕一样，你需要准备好的原料，做好调味及懂得恰到好处的烘焙，才能做出美味的蛋糕！

恋爱与婚姻都是一样的，你不完美，也不会找到完美的对象。但是，如果你知道适合你的人是怎样的，懂得正确有效的思维、言行和互动模式，你就能够享受恋爱和婚姻的过程和成果。

所以，最佳状态就是：

第一，本人身心状态总是自然而不是刻意地保持在正面、积极的状态，平静、开心地对人、对事，内心没有或只有极少的怨、愧、悔、憾、恨、愁、怒、惧。

第二，充分理解本书的内容，了解恋爱及婚姻的经营之道，并掌握足够多的思维和行为方法。

第三，对自己、对对方都坚持坦白、真诚、尊重的态度。

第四，每当遇到不够好的情况时，能够清晰思考，找出有效的应对方法，并从中学习，让自己不断学习，天天提升。

未来是走出来的，幸福的婚姻也是靠婚姻双方经营出来的。婚姻有多幸福由婚姻双方决定。有些人可能会说“人生充满无奈”或“人在江湖、身不由己”之类的话，但是如果他们认真想想就会发现，“无奈”都是因为想操控本人没有资格、没有能力操控的事物，而“江湖”也是本人选择和跳进去的“江湖”。恋爱与婚姻关系也是一样的，所以我会对一些痛苦地结束婚姻的案主说——

“他没有骗你，是你选择相信他，你需要对你的选择负责。”

“你没有搞清楚你需要找一个什么样的对象。”

“你不懂得读懂这个人。”

“在热恋及婚前他那么愿意迁就你、听你的话的阶段里，你没有多和他沟通来解决彼此间的矛盾。”

“你从来没有学习到足够的学问与技巧，让两人的关系能够继续维持及进一步发展。”

两性关系的问题从来不存在只是其中一个人的责任的情况。两人一起制造问题，并且任由它发展壮大，终于其中一人忍受不下去了，做出那些被指责的事。世事恒变，人亦不断地变化，要想拥有幸福的婚姻生活，一起过几十年，愉快地过每一天，真的需要两个人共同经营、携手努力。

第十七章

# 如何处理第二次婚姻中的亲子关系

## 若你是孩子的母亲

你的再婚不能夺走孩子与他父亲的联结，所以，孩子不是有了一个新的爸爸，而是多了一个爱他的人。你不能强迫孩子叫你的新伴侣“爸爸”，这样可能会让你的孩子与你的新伴侣产生对抗，这种对抗对你们三个人都没有好处。起初你们会努力经营好和孩子的关系，当对抗多了之后，你也许会选择放弃。放弃的可能不是孩子，而是你的新伴侣。你放弃跟他维持良好的关系，放弃在他身上呈现你的价值。

你应该确保给孩子留有足够的时间，孩子越小，这一点越重要。你不能在有了新伴侣之后就忽略孩子，比如把孩子送到寄宿学校等。你也应该鼓励你的新伴侣直接与孩子建立融洽的关系，比如允许孩子和你的新伴侣一起去逛街，他们两个需要磨合来找到相处的方式，在这个过程中，年龄大的要包容年龄小的。

当你再婚后，你和你的新伴侣、你的孩子就组成了新的三角关系，你们的家庭是属于三个人的，当你只和你的伴侣、你的孩子建立关系，而你的伴侣与你的孩子没有建立关系时，你会很累。任何三个人的关系里，都应有三份关系存在，否则就是不完整的。

## 若你是孩子母亲的新伴侣

想象孩子是一个弱小的动物，第一次接触你这只比他大得多的动物，他自然会有很多顾虑：他会抢走我妈妈吗？他会逼我放弃我爸爸吗？他会伤害我吗？我在乎的东西会因为他而变少吗？他会妨碍我的生活吗？我该怎么跟他相处？这些问题在孩子的小脑袋里会对他造成很大的压力。对孩子来说，在他的成长过程中，如果他的内心没有一种“面对某种情况该怎么做”的信念，他就不知道该怎么办，就只好假装不面对。此时，假如家长再告诉他“这样不对”“那样没礼貌”，效果会更差。孩子越小，就越容易出现这种状况。

几年前我还住在香港的时候，有一天我的一个下属带着他的太太和儿子来我家做客。这个小孩年龄很小，第一次来我家。一进门我的下属就告诉他“叫伯伯”，那个孩子就低着头百般闪躲，根本不看我。他在我家跑来跑去，看看这个，摸摸那个。我的下属有点不好意思地跟我解释：“小孩子喜欢新的东西，什么都要看一看，真的是很没礼貌。”我说：“不是的，小孩其实是非常关注我们的，他只是用这种方式来面对他不知道该怎么办的状况。”然后我就做给他们看，当时我和孩子分别坐在两张沙发上，中间是一条走道，我故意指着地上说：“看，这是什么？”小孩一听到这句话，立刻飞扑过来。所以你看到了吧，他其实是非常关注我们的，只是因为他不知道该怎么面对，所以就假装不面对。

很多孩子都会这样，当我们不清楚他们内心的动力时，我们就不知道该怎么推动他们。明白了这一点，你就会知道，作为孩子妈妈的新伴侣进入他们原来的系统时，你是需要做一些事的。你需要用包容的心态去对待你伴侣的孩子，毕竟他还小，还不懂得这些学问，而你比他成熟，比他懂得多。

你要很清楚地明白一点：你永远不可以代替孩子的父亲，你甚至不能试图在孩子心里占据比他父亲位置更高的位置。在每个人的心里，不会有任何人的位置比父亲母亲更高。所以，你绝对不可以说任何否定他父亲的话。举个例子，假如孩子的父亲以前很爱赌博，把家产都输光了，孩子的母亲很伤心，和孩子的父亲分手后和你在一起了。如果你想教孩子以后不要赌博，你可以用全世界的人来做例子，就是不能用他的父亲做例子。

在你们新组成的家庭里，孩子本来就不知道该如何接受你，不知道你是不是想取代他父亲的位置，是不是想从他那里抢走妈妈，这个时候，如果有任何一丁点“我否定你的父亲，我要把你的父亲从你的心里赶走，我来坐你父亲的位置”的信号出现，你们的关系就会变得非常糟糕，而且你也不会成功。

绝对不要说孩子父亲的坏话，也不要在孩子面前跟他的父亲进行比较，任何方面都不可以。事实上，当你否定你伴侣的前任伴侣的时候，你在一定程度上也是在否定你的伴侣。

不要把孩子任何不当的行为归咎于孩子的过去，更不要讲诸如“因为你爸爸没有好好教你，所以你现在才这样”的话，否则你会立刻失去孩子对你的接受与尊重。避免询问孩子父亲的任何事，不谈孩子的过去，只谈现在和未来可以怎么样。

找个机会，认真地对新伴侣的孩子说：“我不是你爸爸，我不能给你只有你爸爸能给你的东西。但是我很爱你，我愿意为你做很多事。从你的眼睛里，我看到你的爸爸，我对他有一份很大的尊重。”你真诚地这样说，并遵守我上面所说的几条，孩子就可以接纳你了。因为他知道自己安全了，知道你不准备取代他父亲在他系统里的位置，他就会愿意跟你交朋友了。

孩子会有跟你争夺他妈妈的心态。孩子年纪小，害怕失去妈妈，害怕他和妈妈的世界里多了一个你之后，妈妈就是你的了，特别是你们刚刚开始一同生活的时候。几岁的小孩子会这样，十几岁乃至念大学的孩子也会有这种心态，因为每个人的内心都有一个小孩，这个小孩有时候会跑出来，会和你争夺你的伴侣。每当这种情况出现的时候，你应该真诚地对孩子说：“妈妈是你的，每当你需要妈妈的时候，你都有优先的权利。”

多鼓励孩子和他父亲联结，这样孩子就会明白，他的爸爸在你的心里有一个很高、很好的位置。当然任何事情都不能够勉强，做你应该做的，耐心一点，孩子会对你产生信任感的。也许孩子和他的父母之间还有一些遗留问题没有处理，孩子可能不会理解你，或者不认可你的某些做法，但是只要你遵循上面的做法和处事态度，你和孩子之间的关系只会越来越好，不会越来越坏。如果孩子的父亲和母亲之间还有没有完成的事，甚至还会相互攻击的话，孩子会活得非常痛苦，他会非常仇视你。所以，也许你和孩子的妈妈都应该多给自己一些时间，通过不断学习来让自己懂得如何有效地处理这些情况。

## 两个人与孩子的生活

你和你的新伴侣以及孩子一起生活，应该尊重孩子的权利，鼓励孩子建立自己的空间，不管孩子几岁。但是不要过分鼓励，让孩子以为你们要把他推开。凡是涉及三个人共同的事，你们三个人一起商讨，从最小的、绝对不会对三个人的关系产生影响的事开始，比如周末去哪里、下一次旅游去哪里，一直到大的事，比如要不要移民，等等。给孩子同等的话语权和投票权，孩子就会觉得你们的家庭是三个人的世界，不是两个人的，他不是一个可有可无的附属品。这样他就不会产生恐惧，担心你们是不是不要他了。

不管孩子多大，很多事都是可以一同讨论、一起参与的。这样做的一个好处是，他参与决定的，到时候如果有什么问题，他不能够把责任都推给你们。有个很经典的案例，一对夫妇在移民之前，觉得妈妈照顾一个孩子就已经很累、很辛苦了，没想到移民到国外后，经常看到一家有六七个孩子。这对夫妇就很感慨。而他们的邻居刚好也有六个孩子，每当这家人出去旅游时，妈妈就会给那六个孩子分配工作，比如年龄最大的孩子负责什么，年龄小一点的负责什么……每个孩子都有自己的任务。这对夫妇才发现原来还可以这样做。这就是用系统的力量做系统的事，在这样的环境里成长的孩子，会慢慢培养出充分照顾自己的能力，等他成年之后，你也就不用担心他不能照顾自己了。

三个人的生活包含四种关系：你和你的伴侣、你和你伴侣的孩子、你的伴侣和孩子的关系，以及你、你的伴侣和孩子的关系。所以我们说人越多，关系越复杂。要注意的是，每种关系都应该有其独立的时间，这样才能在很大概率上保证新婚姻成功。

## 丧偶再婚的情况

如果你是因为伴侣离世而再婚，一切跟前述没有任何不同，只是有一点需要注意：在往后追思丧偶的活动上，你的新伴侣应站在你的好朋友的身份位置上思考、说话及做事。因为追思会是回到以前的系统，时间线倒退，回到父亲、母亲与孩子的系统还存在的时候。当原来的系统还存在的时候，你在哪里？你存在于这个世界，可是绝对不是原来的系统里的一员，对吗？

当你明白这一点的时候，就不会产生身份错乱或者尴尬的感觉。我经常说事情本身不复杂，复杂是因为站错了位置，一旦站错了位置，不明白自己的身份定位，就会出现非常多的问题。

## 若是两人都带着孩子再婚

假如两个人都带着孩子再婚，一切与前述的方法也没有什么不同。也许，两个孩子在最开始的接触中会对彼此有敌意，因为他们在各自的心灵中维护着已经不在这关系中的父亲或者母亲，这是爱与忠诚的表现。两位成年人需要明白、谅解，更需要明确表示对彼此前任的尊重。

第十八章

# 怎样让第二次婚姻更幸福

## 影响第二次婚姻幸福与否的关键点是什么

因为有了第一次失败的婚姻，才有“第二次”这个称呼的出现。因为第一次婚姻是失败的，所以有失望、遗憾、痛苦、受伤的情绪；同时当事人有想重来一次、成功一次的欲望，所以把第二次婚姻经营好的动力会很充足。

婚姻产生家庭，为下一代的到来和成长创造良好空间，其蕴藏的动力指向“良好”，也就是幸福的方向。生命传承是人类社会系统延续的模式，所有系统延续的方向总是指向平衡、稳定、发展、壮大，这四种动力都需要系统成员之间的联结力不断提升、增长，也就是朝向幸福的方向。用一句话总结就是：人类社会的发展动力总是指向幸福的。

每个人一生里，应该是“多一事，长一智”，因为每次人生经验而变得更成熟，更有智慧，让以后的人生路可以走得更轻松、更快乐、更成功。所以，在第一次婚姻里学到应该学的知识、经验和技巧，经营第二次婚姻时就会避重就轻，得心应手了。这样看来，在人生路指向和人生经验护航下，第二次婚姻是有可能更幸福的。

第二次婚姻会不会幸福的关键在哪里？家家有本难念的经，人人也有难言之隐，无法一一说清，但是有三个不变的关键因素会直接影响到第二次婚姻的幸福感。

### 当事人不愿意自己改变

一个不愿意改变自己的人，可以从以下的态度及言行中测知——

“我就是这样的”或“这是我天生的性格，没办法”。

“我没有做错，为什么要我改变”或“是他/她不对，要改变的应该是他/她啊”。

“没有道理要我改变”或“这不公平”。

“婚姻失败跟这个没关系，是他做错了”或“我改不改变不是关键”。

当事人要求的是世界做出改变，他已经把本人当作世界的中心，一切人、事、物都要围绕着他运转。也或许他还停留在孩童时代，那个时候，一旦有不如意的事发生，爸爸妈妈就会站出来帮他搞定，就是“爸爸妈妈会维持世界随我意愿运转”。当“爸爸妈妈”总是不出来，他会认为是自己运气不佳或命苦。

这类人会活得很辛苦，无法自行摆脱这种思维困境、心智模式，因为他会重复一个盲点：恋爱、婚姻、情感关系完全是感觉方面的事（感性、潜意识、心理世界），对错、道理（理性、意识、物质世界）无法起作用，也无法解决什么问题。这个“人人皆是如此”的现象会产生一个很大的问题：我们的成长过程差不多都是在发展优良的理性思维能力，人类社会（尤其是我们的社会）发展至今，在感性能力与问题方面，以及感性如何与理性牵手互助、互动方面，进步似乎不大。若有问题出现，我们应该好好地思考一下问题出在哪里，解决的方向在哪里。对此，可以从以下四点来着手处理。

第一点，不用理性的对错、公平去看问题，而应该是“不论对错，事情已经发生了，现在我感到难过、伤痛”。

第二点，我可以怎样减轻甚至消除这份难过、伤痛？

第三点，针对过程中发生的不愉快，以至现在这种情绪反应，你当时对人与事的看法、价值观及言行模式从哪里来的？根源是什么事情？你如何可以做出更有效的改变？

第四点，每次失败都有一个过程，这个过程中你能够总结出一些什么心得能让你的心智、思想及言行有所提升？人生里的每一次经验都让你不断成长、成熟和成功，从而让你在未来人生路上可以走得更好。在我的学问里，对此有一句总结的话：“过去尽皆资源。”

## 当事人没有把上一次放下

很深的感情、伤痛要完全忘记是不可能的事，所以我用“放下”二字，而不是“忘掉”。这种“不能放下”有几个模式，且都是有害无益、很容易破坏这一次新的尝试的。

模式一：也是破坏性最大的模式，就是用前任伴侣的“好”作为标准，批评新伴侣。这个模式会让新伴侣十分愤怒，用不了两三次，就能把新的情感关系带到终点。

模式二：就算你用前任伴侣的“不好”来肯定新伴侣，也会让新伴侣难受、愤怒。这种行为是最笨的！

模式三：没有用前任伴侣作为比较标准，但不自觉地就会“滑入”上次情感关系（或恋爱，或婚姻）中的某些情景。例如，讨论旅游的目的地，你提议去某个地方，并且大量描述当地的人、事、物。你的新伴侣很快就能敏感地猜到你在上一段关系里有关于那里的美好回忆，因此可能心生不满。事实上，为了避免在那些地方引起睹物思人的情绪，我会建议你提出一些从未去过的新地方作为选择。

如果你一向是心直口快、坦荡直率的性格（性格是可以凭训练而改变的），那么你就需要学会少说话。所谓智者寡言，人是应该随着岁月成长，性格变得越来越稳重的。“稳重”指谨慎地说话，在说话前，先看环境和当时的情况，想一想此时此地应该说些什么，然后再开口。

我不教人说谎，因为每一个谎言都需要另外一百个谎言去补救，甚至可能无论怎样都补不好，从而带来很多不良后果。其实你可以选择不说、不提，这样就无须面对困难选择了。但是若不慎造成必须说谎的情况，相比破坏关系，说那么一两次无大害的谎言可能会更好点。

### 当事人不愿和不能用“我们”的心态和思想去经营两个人的关系

“不能”可以凭学习、思考和练习克服，故此，只有“不愿”的问题。若是这样，则问问自己：为何结婚？结婚就是建立二人世界，从“我”或“你”，变为“我们”的二人世界呀！结婚，就是展开“我们”一辈子的生活。两人好不容易步入婚姻殿堂，为什么不去好好经营呢？造成“不愿”的原因有如下几个：

一是资格感缺失。

——我没有资格做一个好丈夫（或好妻子）。

——我没有资格拥有成功、快乐、幸福的婚姻。

——我没有资格结婚。

二是一些创伤造成的心理抗阻。

三是对婚姻及婚姻生活在认知、价值观及言行方面存在一些错误的看法。

四是不懂得婚姻生活的技巧，仍然用单身时的思维与模式去生活。

以上各点都需要学习，若有心理创伤，则需要做心理辅导。

## 再婚的人应该怎样调整

在心态上，也就是在身份定位上，再婚的人应该下决心做到“把过去留在过去，明天更重要”，不断这样提醒自己。

把过去留在过去的“过去”，包含上次失败的婚姻（或恋爱，或任何情感关系）里的人与事，以及过程中的情绪负担，包括怨、愧、悔、憾、怒、哀、恨、愁。再婚的人唯一留下的应该是总结出来的学习心得和因此而有的感谢、感恩。留下这两点，对新的婚姻关系及未来人生都有很大的裨益。

因为痛过，所以更清楚痛的难受与辛苦，对也曾痛过的新伴侣（若是）会有更深的了解、同理心，亦更懂得配合和相处。

坚持一个信念：因为曾经爱过与痛过，所以我比一个没有这方面经验的人更懂得经营两个人的关系，更懂得珍惜，也能做得更好。只有这样，第二次婚姻才有更幸福的可能。

## 作为再婚的人的新伴侣应该怎么做

试想一个情景：你和伙伴去郊外爬山，同伴扭伤了脚踝，你会怎样对待你的同伴？你的答案，也就是对标题这个问题的回答了。

人与人之间的交往，由浅到深大致上可以分为这样三个阶段（或层次）：

第一阶段：接受——这个人是存在的，他在这里是可以的，我看到他的存在了，我给他一个位置。

第二阶段：尊重——我不单“接受”，还会注意到他需要的空间；凡是空间，都有边界。他需要的空间边界，我需要觉察，并且不肆意逾越（这点也包括本人的空间边界，本人需要尊重、守护，同时提醒对方必须尊重）。

第三阶段：爱（这包括婚姻中的情爱，对后辈及朋友的爱护，以及对长辈等人的敬爱）——这个层次是包括了“接受”和“尊重”的，更是必须有这两者作为基础的。

不能接受的人你无法尊重，没有尊重的爱都是虚假的爱。因此，三个阶段需要谨记，更需要逐步经营，在言行上表现出来。

再婚的人比普通人更需要新伴侣的尊重。除了人与人之间、伴侣与伴侣之间应有的尊重，还需要以下的尊重：

第一，绝对不用批判的态度对待伴侣（再婚的人），也不应用可怜、同情的态度对待，因为这些态度都是表现出“我高你低”的身份定位。让过去留在过去，在这段婚姻里，两个人应该是平等相待的。

第二，尊重伴侣上一次婚姻里的人与事。首先，伴侣的上一次婚姻本来就完全与你无关，你无权过问，你需要尊重界限；其次，你伴侣身边的那个人把位置让出来，你才能站上去！在系统动力法则上，伴侣的前任伴侣先出现在系统里，有比你更高的系统序位，你无法不尊重。尊重伴侣的前任伴侣，在行为上就是不以批判的态度看这个人，最好的做法就是拒绝知道他当时的或现在的事。

第三，尊重伴侣（再婚的人）的系统，尤其是家族系统方面的人和事。例如，不能尊重伴侣的人，是无法对伴侣产生真正的、充分的尊重和爱的，而伴侣的心灵总是捍卫父母和系统的。因此，两人之间总会有些说不明白缘由的不愉快、冲突及莫名的负面情绪，无法达到婚姻关系中最高、最幸福的境界。

每个人平心静气的时候都知道和提醒自己——

我不完美，所以所想、所做的不一定就是绝对正确的；

我不完美，所以我没有资格要求拥有一个完美的伴侣；

世界上没有完美的人，所以伴侣的前任伴侣，伴侣的父母，系统里的每一个人都不是完美的。

所以，请不要用完美的标准来看待任何一个人。同时，伴侣的过去就如你的过去般无法完美，将来也不会完美！如果明白了这点，你还准备经营出快乐、幸福的婚姻生活，就请放下批判、不满，把全部的思想、心情、动力放在经营未来的方向上吧。

对方若不够好，你不应该选择跟他结婚；既然做了选择，就请对你的选择负责任，好好经营，尽力经营，效果总比你今天见到的众多的失败婚姻更好。不断学习，不断进步，幸福婚姻生活不知不觉就到你跟前了！

## 没有最好，只有更好

不好的事、坏的情况，我们自然会想办法去遏止。一旦情况停止变坏了，我们就会把焦点和动力移向美好的方向，如轻松、满足、成功、快乐、美满、幸福。

看到这里，你肯定会认为这是理所当然的——“这还用说吗，肯定人人都会这样啦！”

但是，真的如此吗？环顾四周，看看你认识的人的婚姻生活，你会注意到，很多人没有不幸，没有疾病意外、巨大损失，但是他们是在往“美好的方向”去经营的吗？我相信你看到的更多的是——

其一，逃避，如对着电脑、手机打游戏而没有看到伴侣和孩子，又如天天外出与朋友喝酒，参加各种“应酬”，总是不醉不归。

其二，搞破坏，如用前述的“八大招”，不断抱怨、批评伴侣，常常因为小事而吵架，甚至家暴。

就像《围城》里说的：婚姻就像一座围城，外面的人想进去，里面的人想出来。我觉得现实情况比这更糟糕：人们撞破头、拼了命要进去，一旦进去了，却马上又会搞些事情让自己从里面逃出来！

自己的人生，自己的选择，痛与伤都是自己需要承担的。而其中受苦的还是孩子，争与逃的活动使他的心灵无法安静，无法好好地成长，让他在长大后可能会重复“围城”的“争逃式人生”！

我们真的到了需要好好地看待自己的人生、经营自己的婚姻生活、善待伴侣和孩子的时候了。

没有最好，只有更好！天天学习，不断提升。

**图书在版编目（CIP）数据**

李中莹婚姻心理课 / 李中莹著.—杭州：浙江教育出版社，2021.6（2025.5重印）
ISBN 978-7-5722-1582-7

Ⅰ.①李… Ⅱ.①李… Ⅲ.①婚姻—社会心理学—通俗读物 Ⅳ.①C913.13-49

中国版本图书馆CIP数据核字（2021）第054162号

**责任编辑** 赵清刚 **美术编辑** 韩 波
**责任校对** 马立改 **责任印务** 时小娟
**产品经理** 韩 烨 **特约编辑** 夏 冰

**李中莹婚姻心理课**
LI ZHONGYING HUNYIN XINLI KE

李中莹 著

出版发行 浙江教育出版社
（杭州市环城北路 177 号 电话：0571-88900883）
印 刷 三河市中晟雅豪印务有限公司
开 本 700mm×980mm 1/16
成品尺寸 166mm×235mm
印 张 14.5
字 数 207千字
版 次 2021年6月第1版
印 次 2025年5月第5次印刷
标准书号 ISBN 978-7-5722-1582-7
定 价 68.00元

# 感谢您的阅读！

**跳好双人舞专业微信号**

为了方便与读者进行进一步交流，作者特意创建了一个专业微信号，添加此微信号，您可以获得如下权益：

**01 了解最新动态**

及时了解作者发布的“跳好双人舞”相关领域的内容，作者推荐的其他有价值的好内容以及作者的新书。

**02 参加线上课程**

作者不定期在线上举办直播或录制微课，开课信息将通过朋友圈或个人微信号发送。

**03 享受线下课程优惠**

享受作者每年在全国主要城市举办的数十场线下公开课或讲座的特别优惠。

**04 下载资料**

第一时间下载阅读有关“跳好双人舞”的婚姻经营课件资料，以及最新总结的婚姻经营技巧文章等。

微信号：thsrw-lzy

## 添加微信号步骤：

1. 扫码添加微信，并备注：
双人舞+姓名/昵称+城市+性别（如：双人舞+李寻欢+杭州+男）；
2. 作者根据备注情况，通过您的申请。